세계 최고의 말하기 비법

SEKAI SAIKOUNO HANASHIKATA by Junko Okamoto
ⓒ 2020 Junko Okamoto
All rights reserved.
Original Japanese edition published by TOYO KEIZAI INC.

Korean translation copyright ⓒ 2022 by StarRich Books.
This Korean edition published by arrangement with TOYO KEIZAI INC., Tokyo,
through Shinwon Agency Co., Seoul.

이 책의 한국어판 저작권은 신원 에이전시를 통한 저작권사와의 독점 계약으로 스타리치북스가 소유합니다.
저작권법에 의하여 한국 내에서 보호를 받는 저작물이므로 무단전재와 무단복제를 금합니다.

세계 최고의
말하기 비법

오카모토 준코 岡本純子 지음 | 정문주 옮김

StarRich
Books

세계 최고의 말하기 비법

초판 1쇄 2022년 4월 25일
초판 2쇄 2022년 10월 14일

지은이 오카모토 준코(岡本純子)
옮긴이 정문주
펴낸이 이혜숙
펴낸곳 (주)스타리치북스

출판 감수 이은희 · 오경훈 外
출판 책임 권대홍
출판 진행 이은정 · 한송이
편집 교정 김영희
내지 디자인 스타리치북스 디자인팀

등록 2013년 6월 12일 제2013-000172호
주소 서울시 강남구 강남대로62길 3 한진빌딩 2~8층
전화 02-6969-8955

스타리치북스 페이스북 www.facebook.com/starrichbooks
스타리치북스 블로그 blog.naver.com/books_han
스타리치몰 www.starrichmall.co.kr
홈페이지 www.starrichbooks.co.kr
글로벌기업가정신협회 www.epsa.or.kr

값 17,000원
ISBN 979-11-85982-72-4 13190

차례

머리말

- 화법을 바꿨더니 인생이 변했다 · 15
- 기업 대표와 간부 천여 명의 '화법' 교정 도우미 · 16
- 외국계 대기업 여성 임원의 놀라운 변화 · 17
- '화법' 때문에 고민하는 리더들 · 18
- '세계 최고의 말하기 원칙'을 체계화 · 19
- '전설의 과외 선생'의 노하우를 남김없이 공개 · 21

제1장 유대감은 순식간에 생긴다! · 25
잘나가는 사람도 '잡담'을 어려워한다 · 27

원칙 01 '대화의 내용'은 잊어도 '인상과 느낌'은 줄곧 남는 법이다 · 28

- 유능한 인물들이 '잡담'을 중시하는 이유 · 28
- '무슨 말을 했는지'는 잊어도
  '어떤 느낌을 받았는지'는 평생 남는다 · 29

원칙 02 '자기 관점'을 벗어나 '상대가 받기 쉬운' 공을 던져라 · 31

- 말, 하기만 하면 다 전달될까? · 31
- 사람은 '자신이 원하는 정보만' 받아들인다 · 32
- '상대가 받기 쉬운' 공을 던지는가? · 33

원칙 03 이류는 '입'을 놀리지만 일류는 '눈과 귀'를 움직인다 · 35

- 자기 이야기를 하면 기분이 좋아지는 이유 · 35
- 마이크를 상대에게 넘겨 보자 · 36
- '입' 말고 '귀'부터 열어라 · 36

원칙 04 '6W1H'로 잡담 실력 늘리기, 의문사로 시작하는 질문을 던져라 · 39

- 대화하는 30분 동안 몇 번 질문하는가? · 39
- 의문사로 시작하는 질문을 던져 보라 · 40

원칙 05 '네 가지 질문'을 활용하면 대화가 끊길 걱정이 없다 · 45

- '네 종류'로 나누어 물어라 · 45

원칙 06 '대박 상품의 법칙'으로 상대가 좋아하는 주제를 찾아내라 · 48

- 상대와 '관계' 있는 것이라야 좋아한다 · 48
- '관계' 있는 화제는 '대박 상품의 법칙'으로 찾을 수 있다 · 49

원칙 07 '스캔들의 법칙'으로 상대의 '관심'을 움켜쥐어라 · 52

- 상대가 '관심' 있는 화제를 꺼내자 · 52

원칙 08 '자신이 얼마나 대단한지'가 아니라 '상대가 얼마나 대단한지'를 말하라 · 55

- 누구나 '자기 가치'를 내세우게 마련이다 · 55
- '내'가 아니라 '상대가 얼마나 대단한지'를 말하자 · 56
- '자기 과시'를 뛰어넘어 말하기 · 57

제2장 '동기부여의 마술사'가 되자! · 59

칭찬받고 싶은데 칭찬받지 못하는 사람들 · 61

원칙 09 '정감찬사' 법칙으로 상대를 기분 좋게 만들어라 · 62
- '정감찬사' 법칙을 기억하라 · 62

원칙 10 칭찬할 때는 '당·구·감'이 기본 중의 기본 · 65
- 칭찬, 감사를 잘하려면 '당·구·감'! · 65

원칙 11 칭찬과 꾸중은 6:1이 과학적으로 증명된 황금비율이다 · 67
- 과학적 황금비율은 '꾸중 한 번과 칭찬 여섯 번' · 68

원칙 12 '칭찬→꾸중→칭찬'은 낡은 방식, '잘 꾸중하는 법'은 따로 있다! · 69
- '칭찬→꾸중→칭찬' 순의 샌드위치 화법은 그만! · 69
- 제대로 꾸중하는 사람은 이런 점이 다르다 · 70

제3장 모두가 수긍, 인정, 감동하게 하자! · 73

비대면 시대에 더욱 요구되는 설명 능력 · 75

원칙 13 '13자 내로 압축한 한마디'를 먼저 만들어라 · 76
- '한마디로 압축'하는 습관을 들여라 · 77
- '13자 이내로 압축하라' · 77

원칙 14 '영혼이 깃든 한마디'를 가다듬는 3단계 · 79

- '임팩트 있는 13자'를 만들기 위한 3단계 · 79
- 내 마음을 파고든 '한마디 제목 – '?→!'의 사례 · 81

원칙 15 미국 아이들이 배우는 기본 중의 기본! · 84

- 미국 아이들이 반드시 배우는 '실패 없는 설명의 원칙' · 85

원칙 16 깔끔하고 간단한 '결론→이유→사례→[결론 '왜냐하면' 로드맵] · 87

- '결론→이유→사례→결론' 순으로 말하자 · 87
- '왜냐하면', '…이기 때문에'를 붙여라! · 89

원칙 17 설명을 간략하고 명확하게 만드는 ['세 가지 있습니다' 로드맵] · 92

- 세계적인 리더의 실천 사례 · 93
- '세 가지 있습니다' 로드맵 사용 시 주의 사항 · 94

원칙 18 대통령부터 판매원까지 애용하는 ['고민 해소' 로드맵] · 96

- '문제 제시 후 해결' 틀은 언제나 옳다 · 96
- 대통령부터 판매원까지 모두가 애용하는 방법 · 97

제4장 상대의 마음을 휘어잡아라! · 99

어떻게 사람들 마음에 다가갈지가 핵심 · 101

원칙 19 '교관형' 리더의 시대는 갔다! 지금은 '공감형' 화법의 시대 · 102

- '공감형' 리더가 대세이다 · 103

원칙 20 　트럼프에게 배우는 '상대를 기분 좋게 해 주는 화법' · 107

- 리더가 갖추어야 할 자질은? · 107
- 트럼프의 화법에서 배울 점 · 108
- '좋은 사람'을 넘어 '기분을 좋게 해 주는 사람'이 되자 · 109

원칙 21 　'점쟁이 화법'과 '맞·괜·이'로 감정의 급소를 자극하라 · 110

- 언제나 'We(우리)'라는 표현을 써라 · 110
- 듣는 이의 감정을 헤아리고 대변하기 · 112
- '맞·괜·이'를 입버릇처럼 · 113

원칙 22 　'마음속 경보 장치'를 울려 공감을 얻어라 · 114

- '감정 폭탄'을 터뜨려 일체감을 조성한 트럼프 · 114
- 사람은 '감정의 노예' · 115
- 사람은 '마음의 경보 장치'가 울릴 때 움직인다 · 116

원칙 23 　'아하! 법칙'으로 감정을 전염시켜라 · 118

- 감정은 '전염'된다 · 118
- 상대가 'ㅇ', 'ㅎ'으로 시작하는 감탄사를 뱉는가? · 119

원칙 24 　'스토리' 마법으로 상대의 마음을 꼼짝 못 하게 묶어라 · 120

- 내가 만난 가장 강렬한 '스토리텔러' · 120
- 해외 초일류 '스토리텔러'의 실례 · 121
- 금붕어보다 짧은, 사람의 집중 시간 · 123

원칙 25 'Before', 'After', '교훈'을 넣은 '30초 스토리'를 만들어 보라 · 125
- '스토리'는 누구에게나 있다 · 125
- '30초 이내에 끝낼 수 있는 스토리'를 만들자 · 127

제5장 어느새 '상대가 움직인다'! · 131

'이모로지컬한 화법'으로 설득력을 키우자 · 133

원칙 26 '오감을 자극하는 말'로 상대에게 '그림을 보여 줘라' · 134
- 상대에게 '그림을 보여 주듯' 말하라 · 135
- 스티브 잡스, 다카다 아키라의 화법에서 배울 점 · 136

원칙 27 유능한 리더는 '숫자의 마술사', '숫자로 정확히게 짚이' 임팩트 있게 · 139
- '대략적인 숫자'가 아니라 '똑떨어지는 숫자'를 써라 · 140

원칙 28 숫자는 '상대적'인 느낌을 주어 의미를 부여한다 · 142
- 숫자에는 '정서적인 힘'이 있다 · 143

원칙 29 '백만 명보다 한 명의 얼굴' 법칙으로 말하는 대상을 한 단계 압축하라 · 144
- 말하는 대상과 내용의 범위를 한 단계 압축하라 · 145
- 효과적인 '자기소개법' · 147
- '영사기처럼 말하는' 투영 화법 · 148

원칙 30 장르를 뛰어넘어 '낯선 말'로 비유하라 · 150
- 비유의 달인에게 배우기 · 151
- '들어 본 적 없는 낯선' 말로 바꿔 보자 · 152

원칙 31　'이 말만은 놓치지 말라'는 '마법의 신호'를 보내라 · 154
- '마법의 신호'는 이런 것이다 · 155
- '뜸 들이기'로 상대의 애를 태워라 · 156

제6장 긴장 0%! 만족도 100%! · 157
지금 바로 당당하게 프레젠테이션 할 수 있는 필승 원칙 · 159

원칙 32　'긴장하지 않는 비법'을 몸으로 익혀라 · 160
- 명문 연기 학교가 가르쳐 준 '진실' · 160
- 자존심을 버리고 바보가 되자 · 162
- 도요다 아키오 사장이 발견한 긴장하지 않는 법 · 162

원칙 33　'야호 법칙'으로 자신의 '껍데기'를 깰 수 있다 · 164
- '야호'를 세 번만 외쳐라 · 164
- 프레젠테이션 때만큼은 '감정의 안전지대'를 벗어나라 · 166

원칙 34　'가상의 악수'로 '마음의 연결고리'를 만들어라 · 167
- '안녕하세요?'의 메아리를 기다려라 · 167

원칙 35　'공감 프레젠테이션'으로 바꾸는 '요요 법칙' · 169
- 프레젠테이션은 대화이자 언어의 캐치볼 · 169
- 두 아키라 씨에게 배우는 '요요 법칙' · 170

원칙 36　'마침표'를 '물음표'로 바꾸기만 해도 효과가 난다! · 172
- '물음표'를 던지면 상대는 호감을 느낀다 · 172

원칙 37 절대 '자기소개'나 '감사 인사'로 시작하지 마라 · 174
- 도입부에서 '미끼'를 던져야 한다 · 175

원칙 38 '다섯 가지 패턴'으로 마음을 사로잡아라 · 176
- 좋은 도입부의 다섯 가지 패턴 · 176

원칙 39 또 다른 다섯 가지 패턴, 미끼를 던져 강력하게 시작하라 · 180

원칙 40 인상의 40%는 목소리가 좌우하고 '크기'보다는 '변화'가 중요하다 · 182
- 사람의 인상은 목소리가 40%이다 · 182
- 특히 '억양'과 '변화'가 중요하다 · 183
- 키워드는 '천천히' – 속도에도 완급을 주어라 · 184

원칙 41 세 가지 기본 동작으로 '좋은 목소리' 내기 · 185
- 연봉을 올리고 싶으면 ○○을 낮춰라? · 185
- 목소리는 호흡! 세 가지 기본 동작은? · 186
- '목소리의 높낮이를 쉽게 바꾸는 비법'은? · 187

원칙 42 유튜버에게 배우는 '비대면 소통'의 여섯 가지 비법 · 188
- 사람의 표정은 25만 가지 · 188
- 비대면일 때는 집중력이 떨어진다 · 189
- 비대면 시대 '말하기', '보여 주기'는 유튜버에게 배워라 · 190

원칙 43 감정의 급소를 '눈과 귀'로 자극하라 · 192
- 빌 게이츠의 화법에서 배울 점 · 192

원칙 44 딱 하나만 바꾼다면 주저 없이 '아이 콘택트' · 194
- 아이 콘택트 관련 상식은 오류투성이 · 195
- '캐치볼' 스타일이 정석 · 195

원칙 45 전체 시간의 70% 이상 청중을 보고 말하라 · 197
- 아이 콘택트가 어려운 사람은 이렇게 극복하자 · 197

제7장 모두를 열성 팬으로 만들어라! · 199
온몸에 카리스마를 휘감는 방법 · 201

원칙 46 '자신 있는 척'하면 자신감이 생긴다 · 202
- 자신 있는 척만 해도 자신감이 생긴다 · 202

원칙 47 무의식중에 취하는 '그 자세'에 주의하라 · 204
- 가슴 펴고 말하기가 중요한 이유 · 205
- 흔히 취하는 '나쁜 자세' · 207

원칙 48 리더십은 '어미(語尾)'에서 드러난다! '두 가지 표현'을 삼가라 · 208
- '두 가지 표현'부터 없애라 · 210

원칙 49 '잠깐의 침묵'으로 카리스마를 돋보이게 하라 · 211
- 세어 보면 없앨 수 있다 · 211
- '잠깐의 침묵'은 리더의 카리스마를 돋보이게 한다 · 212

원칙 50   '보이지 않는 에너지'로 사람을 움직여라 · 213

- 훌륭한 리더는 '감정'과 '열기'를 자유자재로 다룬다 · 214
- 에너지를 키우는 세 가지 방법 · 214

특별부록

슬라이드의 '3대 군살'을 빼는 '다섯 가지 비법' · 219

- 슬라이드의 3대 군살 '글, 그림, 사진' · 219
- 다섯 가지 방법으로 군살을 제거하라 · 220

신뢰의 기본을 쌓는 '다섯 가지 비법' · 223

- 인사 - '안녕하세요?' - 벽부터 허물어라 · 223
- 인사의 효용 · 223
- 칭찬 - '멋진데요!' - 손뼉 쳐 주는 사람이 되자 · 224
- 경청 - '아, 그렇군요.' - 귀를 기울여라 · 225
- 미소 - '빙그레' - 우리 모두를 행복하게 만들 수 있다 · 225
- 웃으면 나와 남이 함께 행복해지는 이유 · 225
- 눈가에 드러나는 진짜 웃음은 마스크를 써도 보인다 · 226
- 감사 - '고맙다'고 말하라 - '감사'를 '체질화'하자 · 227

맺음말

- '연결하는 힘'이야말로 미래를 헤쳐 나가는 힘 · 229
- '자기'라는 이름의 껍데기를 깨뜨릴 수 있는가 · 230
- 인생을 크게 변화시킬 '마법의 노하우'를 얻어라 · 232

머리말

화법을 바꿨더니 인생이 변했다

— '화법은 나이와 상관없이 180도 교정할 수 있다.'

"여기까지 걸어와 보시죠."
"손은 여기에…."
"방금 그 표현은 이렇게 바꿔 볼까요?"

사정을 모르는 이들 눈에는 연출가가 배우에게 연기를 지시하는 것처럼 보일 수도 있는 장면이다. 그런데 이는 '과외 선생'인 필자와 '학생'인 기업 대표가 수업 중에 나눈 대화이다.

수업이 끝나면, 이전까지는 연단 뒤에서 원고를 내리읽기만 하던 '학생'이 순식간에 딴사람이 되는 모습을 볼 수 있다. 목소리에서 리듬감이 느껴지고, 얼굴에는 풍부한 표정이 생기는 것이다.

좌중의 웃음을 끌어낼 수 있게 발언 초반에 '짧은 한두 문장'을 더하고, 부하 직원과 잡담 나누기를 어려워하는 기업 대표에게 이야기가 술술 풀리도록 '딱 맞는 조언'을 해 준 결과이다. 마치 인형이 생명을 얻어 몸을 움직이는 듯한 '엄청난' 변화가 아닐 수 없다.

"화법을 바꿨더니 인생이 변했어요.", "화법은 나이와 상관없이 180도 바꿀 수 있다는 것을 알았습니다." 필자가 자주 듣는 말이다.

기업 대표와 간부 천여 명의 '화법' 교정 도우미

필자는 '경영자를 위한 말하기 코치'로서 지금까지 기업 대표와 간부 천여 명을 지도해 왔다. 쉽게 말해 화법 교정 도우미라고 할 수 있겠다. 직업 특성상 실명을 거론할 수는 없으나, 대략 이런 분들이다.

- 일본을 대표하는 자동차 기업의 대표, 임원
- 일본을 대표하는 전기·전자 기업의 경영진
- 일본을 대표하는 IT, 통신 기업의 대표 및 거대 은행 임원

- 세계적 제약회사, IT 기업 일본 법인의 외국인 대표
- 유명 기업인

이렇게 누구나 아는 일본 대표 기업의 리더부터 시작해

- '이름만 대면 다 아는' 지자체 단체장, 장관, 정치인, 관료
- 병원 및 대학 이사장 등

'말하는 기술'이 요구되는 분들을 대상으로 프레젠테이션부터 잡담까지 '화법'과 관련한 모든 분야의 상담을 받고 구체적으로 조언해 온 것이다.

외국계 대기업 여성 임원의 놀라운 변화

'과외 선생'으로 필자를 만난 여러 회사의 대표, 임원, 간부들은 "이런 걸 배울 기회가 없었다", "이제껏 어떻게 해야 좋을지 몰랐는데 드디어 '답'을 찾았다"라는 반응을 보였다.
어느 외국계 대기업의 여성 임원은 '너무 긴장하기 때문에 남

앞에서 말하는 것을 무척 힘들어' 했는데 정기적으로 지도를 받은 결과, "남 앞에 서는 일이 얼마나 즐거운지 모르겠다", "인생관까지 긍정적으로 변했다"라고 말할 정도로 눈부신 변화를 보였다. 즐거운 변화는 당사자에게만 나타나는 것이 아니다. 주위 사람과 청중의 반응에서도 즉각적으로 드러난다.

"대표님, 예전과는 딴판인데요!"

주위 사람들이 이런 이야기를 해 주거나 청중의 반응이 확 달라지면 그들은 더욱 자신감을 얻는다.

'화법' 때문에 고민하는 리더들

대기업의 최고경영자 자리에 오른 인물 중에도 의외로 "말을 못 한다. 꼭 좀 개선해 달라"라고 털어놓는 이가 많다.

일본의 경우, 읽기와 쓰기는 가르쳐도 '듣기'와 '말하기'를 체계적으로 습득할 기회는 거의 없다. 듣고 말하는 힘을 키워 줄 공식이나 교과서도 없지만, 가르치는 이는 더더욱 없다.

'이심전심'이라는 말대로 '말하지 않아도 알아주고', '입만 열면 바로 이해해' 줄 거라고 기대하는 심리도 강하다. 그래서 '좋은 아이디어가 있어도 제대로 표현할 수 없다. 타인과 원활하게 의견을 나누기 어렵다. 남 앞에 서면 쑥스러워서 말이 잘 나오지 않는다'고 하는 고민이 깊어지는 것이다. 정말 많은 이가 '나는 말을 잘 못 한다'는 생각을 품고 있다.

사회적으로 최고 위치에 오른 리더조차 아무런 노하우 없이 막연하게 '자기만의 방식'으로 대처한다는 것은 그만큼 세계 수준의 '말하기 노하우'가 퍼져 있지 않음을 의미한다.

'세계 최고의 말하기 원칙'을 체계화

지금처럼 '과외 선생'을 하기 전에 필자는 신문기자 신분으로 소프트뱅크의 손정의 회장, 일본전산의 나가모리 시게노부 회장 등 국내외의 최고경영자와 리더를 취재하면서 그들의 화법과 전달력을 가까이에서 관찰하며 연구한 바 있다. 그러다가 영국 케임브리지대학교 대학원에서 '국제관계학'을 배우며 세계적 석학의 생각을 엿보고 '화법'을 배웠다.

가정 사정으로 신문사를 퇴직한 뒤에는 미국으로 건너가 MIT에서 '인터넷이 미디어와 커뮤니케이션을 어떻게 변화시키는지'에 관한 연구에 참여했다. 또 같은 동네에 있는 하버드대학교 로스쿨에서 협상술 수업을 듣는 등 미국의 일류 경제인, 정치인, 학자와 같은 '지적 거물들'의 가르침을 접했다. 그렇게 3년 반이 지나 일본으로 돌아와서는 'PR 컨설턴트'라는 직업에 종사하며 각계 리더를 대상으로 하는 미디어 트레이닝에 종사하게 되었다.

그러나 필자가 해외 대학에서 커뮤니케이션 관련 지식을 쌓았다고는 해도 워낙 숫기가 없었던지라 많은 사람 앞에서 발표하는 일이 여전히 쉽지 않았다. '좀 더 당당하게 말하고 내 콤플렉스를 극복해야 한다'는 생각이 점점 굳어졌다. 결국 다시 미국으로 건너가 본격적으로 '화법 훈련'을 받았다. 뉴욕은 커뮤니케이션을 배울 기회와 장소가 놀라우리만큼 널린 곳이다.

학교 밖 곳곳에서 '워크숍'과 '클래스'라는 이름으로 수업이 열리기에 누구나 퇴근길에 운동하러 가듯 부담 없이 들러서 자신의 '화법'을 갈고닦을 수 있었다. 필자는 닥치는 대로 프레젠테이션 코치, 연구자 등 전문가의 가르침을 찾아다니며 세계 수준의 화법을 철저히 섭렵했다. 그렇게 땀 흘리다 보니 어느새 커뮤니케이션이 숨쉬기만큼이나 편하게 느껴졌다.

- 기자, PR 컨설턴트로서 실천적 경험치
- 글로벌 리더의 커뮤니케이션 테크닉
- 뇌과학, 심리학, 연극학, 인류학 등의 학술적 연구로 실증된 세계 수준의 노하우

필자는 이 세 가지를 융합, 체계화하여 독자적인 '말하기 역량 강화법'을 확립했다. 그리고 그 방법을 기업 경영자에게 전수하는 과정에서 놀라운 성과가 나타나 호평을 받았고, 수많은 기업 대표와 임원의 '과외 선생'으로 이름을 날리게 되었다. 그렇게 '과외 선생'으로 산 지 올해로 약 10년. 그간 도움을 드린 기업의 간부급 인사는 천여 명에 달한다.

'전설의 과외 선생'의 노하우를 남김없이 공개

— 말하기 역량은 결코 천부적인 '재능'이 아니다.

자신의 묵은 껍데기를 벗어던지는 성공 사례를 천 건도 넘게 보아 왔기에 주저하지 않고 확언할 수 있다. 말하기는 그 노하우를

단련할 장과 지도할 사람만 있으면 언제든 배울 수 있고, 쉽게 익힐 수 있는 '기술'이다.

이 점을 '깨달아' 마음 자세를 바꾸고 리더로서 존재감을 드러내고 있는 이들이 많다. 필자는 그런 모습을 볼 때마다 화법은 '스스로 인생을 바꿀 수 있는 마법의 지팡이'라고 생각한다. 독자 여러분도 부디 그 '마법의 지팡이'를 얻어 인생을 더 즐겁고 편안하게 누리시기를 바란다. 이 같은 바람에서 이렇게 '말하기 비법'을 책으로 엮어 선보이게 되었다.

이 책은 세계 최고 리더의 가르침을 받은 '전설의 과외 선생'이 최고의 리더에게만 전수해 온 비법, '공감과 신뢰를 성취할 수 있는 최강의 법칙'을 아낌없이 보여 준다. 여러분이 아는 바로 그들이 무릎을 '탁' 쳤던 세계 수준의 화법을 엄선해 소개한다.

코로나19 팬데믹 시국인지라 재택근무와 온라인 회의가 대세로 자리 잡고 있다. 앞으로도 이런 흐름은 쉽게 변하지 않을 것 같다. 물리적으로 떨어져 사는 시대이기에 사람과 사람의 심리적 거리를 좁히고 서로를 연결하는 '소통'이 더욱 중요해졌다. 이 책에는 비대면 시대의 소통에 즉각적인 효과를 발휘할 노하우가 가득 들어 있다.

타인과 연결되고, 동료를 만들고, 서로 돕기 위해 필자의 노하우를 언제 어디서나 원하는 만큼 활용했으면 좋겠다. 불확실한 세상을 늠름하게 헤쳐 나갈 비법이니까 말이다. 포스트코로나19 시대에 더욱 돋보일 '최강의 서바이벌 비법'을 활용해 굳건한 자신감을 확립하고, 그리하여 독자 여러분의 인생이 더 빛나기를 진심으로 기원한다.

제 **1** 장

유대감은
순식간에 생긴다!

잡담 · 대화의 원칙
말 잘하는 사람은 '더 오래 이야기하고 싶게' 만든다.

잘나가는 사람도 '잡담'을 어려워한다

경영자로서 능력은 뛰어난데 자유로운 대화가 서툴러 입 떼기가 쉽지 않다는 사람들이 있다. 그들은 대부분 하나같이 '잡담이 어렵다'고 입을 모은다.

'글로벌 회의에서 다른 사람들은 이 얘기, 저 얘기 잘하는데 나는 그 사이에 끼기 어렵다', '부하 직원과 대화할 때도 재미없는 이야기만 한다', '업무 관련 대화는 잘하는데 잡담이나 소소한 이야기에는 영 재주가 없다'…. 필자가 자주 듣는 고민 내용이다.

알고 보면 최고의 능력을 갖춘 이들도 '잡담' 때문에 고민한다는 말이다. 그러면 어떻게 해야 '잡담의 달인'이 될 수 있을까?

원칙 01

'대화의 내용'은 잊어도
'인상과 느낌'은 줄곧 남는 법이다

— '무슨 이야기를 할지' 보다 '어떤 느낌을 줄지'가 중요하다.

잡담을 영어로 '스몰토크(small talk)'라고 하지만, 그 효과는 절대 작지 않다. 본질적인 대화로 들어가는 '관문'이자 인간관계를 구축하는 첫걸음이기 때문이다.

☑ 유능한 인물들이 '잡담'을 중시하는 이유

외국 경영자들과 이야기를 나누다 보면 그들이 대화의 '물꼬'를 절묘하게 트는 데 놀라곤 한다. 얼굴 가득 환한 미소를 띠고 "How are you?" 하면서 다가와 자연스레 가족 이야기 같은 사적인 화제를 풀어놓으니 거리감이 순식간에 사라진다. 그들은 그렇게 한순간에 라포르(rapport: 서로의 마음이 통하는 상태)를 만들어 버린다.

세계 무대를 누비는 인물들이 '잡담'을 중시하는 이유는 무엇일까? 바로 소통을 하려면 '무슨 이야기를 할지'보다 '상대에게 어떤 느낌을 줄지'가 더 중요하다는 사실을 알기 때문이다.

☑ **'무슨 말을 했는지'는 잊어도 '어떤 느낌을 받았는지'는 평생 남는다**

미국의 여성 사회운동가 마야 안젤루(Maya Angelou, 1928~2014)는 이런 말을 했다.

"사람들은 당신의 말과 행동은 잊어도 당신을 접했을 때 받은 느낌은 대부분 기억한다."

누군가를 만나 나누었던 '대화의 내용'은 기억하지 못해도 '불쾌했다', '좋은 사람이었다' 같은 '인상과 느낌'은 기억한다는 말이다. 우리 모두 그런 경험이 있지 않은가? '무슨 말을 했는지'는 잊어도 '어떤 느낌을 받았는지'는 오래도록 남는 것이다. 잡담은 바로 그 '인상과 느낌'을 결정지을 '승부수'이자 '자신의 매력을 드러낼 절호의 기회'이다.

잡담으로 만든 첫인상은 이후 커리어를 좌우할 수도 있기에 세계적으로 활약하는 인물들은 그 시간을 절대 허비하지 않는다. 그렇다면 어떻게 해야 '세계적 수준의 잡담 역량'을 갖출 수 있을까? 필자가 경영자들에게 전수하고 있는 구체적인 노하우를 소개한다.

> **원칙 02**
>
> ## '자기 관점'을 벗어나 '상대가 받기 쉬운' 공을 던져라
>
> — 사람은 '자신이 원하는 정보만' 받아들인다.

잡담 이야기를 하기 전에 먼저 '소통의 기본 중의 기본'을 잠시 짚어 보려 한다.

☑ 말, 하기만 하면 다 전달될까?

소통, 커뮤니케이션이라는 말의 어원은 '공유'를 뜻하는 라틴어 communis이다.

일방적인 말이 아니라 정보를 발신하는 자와 수신하는 자가 서로 주고받는 행위라는 의미이다. 그리고 여기에 어떤 '화학반응'이 일어나면 그때 비로소 의사가 전달되고 사람이 움직인다.

그런데 많은 이가 '말을 하기만 하면 다 전달되는 줄 알고' 무턱대고 쏟아 내기만 한다. 투수가 '제 하고 싶은 말'이라는 공만 내리 던지는 격인데, 이는 잘 먹히지 않는 작전임을 알아야 한다.

> ¤ **에피소드**
>
> 대기업 대표들이 프레젠테이션을 하는 모습을 보면, 바로 이 '일단 뱉고 나면 전달되겠지'라는 사고방식이 여실히 드러난다. 추상적인 단어, 전문용어, 난해한 표현이 난무하고 내용은 절망적으로 지루한 데다 책을 읽는 건지 발표를 하는 건지 알 수 없는 단조로운 화법까지…. 이렇게 '하고 싶은 말만 양껏 쏟아 내서는' 결코 듣는 이의 마음을 사로잡을 수 없다.

☑ 사람은 '자신이 원하는 정보만' 받아들인다

'잡담을 잘하고 싶다면' 한 가지 '진실'을 알아야 한다. 사람은 '자신이 원하는 정보만' 받아들이는 존재라는 점이다.

브라질 인구의 7%는 지금도 '지구가 평면'이라고 우기며, 미국인의 약 4분의 1은 과학적 근거가 있는데도 '천동설'을 주장한다. 예방접종이 위험하고 지구온난화가 거짓이라고 확신하는 사람에게 영상이나 데이터 등의 증거를 들이대며 설득하려 해도 그들의 사고는 바뀌지 않는다. 올바른 내용과 사실 앞에서도 사람의 마음은 쉽게 움직이지 않는 것이다.

이것이 심리학에서 말하는 '확증 편향*'이다. 이렇게 인간은 자기 생각을 뒷받침하는 정보만 수용하고 그에 반하는 정보는 무시하는 경향을 보인다. 그러니 '상대의 관심을 끄는 정보'라야 상대에게 받아들여진다는 점을 명심하자.

☑ '상대가 받기 쉬운' 공을 던지는가?

요컨대 잡담이나 대화를 매끄럽게 이어 가고 싶으면 '내가 던지고 싶은 공'이 아니라 '상대가 받기 쉬운 공'을 던져야 한다는 말이다. '나를 보여 주겠다.', '내가 하고 싶은 이야기를 들려주마.' 이 같은 '자신에 대한 집착과 자기주장 내려놓기', 즉 자기중심적 관점에서 벗어나는 것이 말하기 실력을 늘리는 첫걸음이다.

---

* 확증 편향(確證偏向)은 영국의 심리학자 피터 웨이슨(Peter Wason)이 정의한 심리학 용어로 자신의 가치관 또는 신념, 주관적 판단에만 주목하고 그 외의 가치관이나 정보는 무시하는 사고방식을 가리킨다.

'상대방 마음의 문'을 열고 싶다면 내 열쇠를 '상대의 열쇠 구멍'에 맞춰야 한다. 열쇠 구멍이 열쇠에 맞춰 모양을 바꾸는 일은 없으니까 말이다.

소통의 주역은 말하는 사람이 아니라 듣는 사람이다. '내'가 아니라 '상대'에게로 초점 옮기기. 이것이 '소통의 기본'이다. 이 점부터 기억해야 한다.

원칙 03

이류는 '입'을 놀리지만 일류는 '눈과 귀'를 움직인다

— 진짜 우수한 사람은 '듣는 힘'이 남다르다.

흔히 잡담을 잘하려면 '날씨'나 '건강'처럼 실패 없는 주제를 고르라고 한다. 하지만 '무슨 이야기를 할까?' 같은 '자기중심적'인 발상으로 마이크를 쥐고 늘어지는 한, 잡담 역량은 절대 커지지 않는다.

✅ 자기 이야기를 하면 기분이 좋아지는 이유

사람은 상대가 듣고 싶어 하는 이야기보다 자신이 하고 싶은 이야기를 하게 마련이다. 그래서 대화에서는 60%, SNS 글에서는 무려 80%가 자기 이야기라고 한다. '자기 이야기를 하면 돈, 음식,

섹스와 같은 수준의 쾌감을 느낄 수 있다.' 하버드대학교의 한 신경학자는 이런 놀라운 연구 결과를 발표하기도 했다.

인간의 뇌는 음식, 섹스, 돈, 마약 등의 자극을 받으면 '쾌락 호르몬'인 도파민을 방출하는 부위가 활발히 움직인다. 돈과 자기 이야기 중, 자기 이야기를 선택하는 사람이 많다는 실험 결과도 있다. 잡담할 때 '쉬지 않고 자기 이야기를 늘어놓는' 사람이 있다면 바로 그 때문이다.

☑ 마이크를 상대에게 넘겨 보자

그러니 상대에게 마이크를 넘겨 말을 시킨 뒤 잘 들어 주면, 상대를 쾌락 호르몬에 휩싸이게 할 수 있다. 잡담에 관한 책을 뒤적이며 '무슨 이야기'를 할지 고민한다고 해서 잡담 역량이 커지지 않는다. 성공적인 잡담, 성공적인 대화를 하고 싶다면 마이크를 상대에게 쥐여 주고 '어떤 이야기를 시켜야 이 사람이 기분 좋게 말할까?'를 생각해야 한다.

☑ '입' 말고 '귀'부터 열어라

그러니 잡담이나 대화를 할 때는 '말하기'가 아니라 '묻기'를 우선해야 한다. 입이 아니라 귀를 먼저 열어 보자. 아쉽게도 사회적으로 능력을 인정받는, 많은 사람에게 부족한 것이 바로 이 '듣는 힘'이다. 우리 회사가 실시한 조사에서도 '남의 이야기를 듣지 않는' 것이 '소통과 관련한 경영자의 최대 문제점'으로 꼽혔다.

물론 개중에는 '듣는 힘'이 특출한 최고경영자도 있다. 가장 먼저 떠오르는 인물은 소프트뱅크(SoftBank)의 손정의(孫正義) 회장이다.

소프트뱅크가 모바일 사업을 시작하기 전 어느 날, 필자는 손 회장이 좋아한다는 푸딩을 들고 찾아간 적이 있다. 그는 사전 약속이 없었는데도 거절하지 않고 만나 줄 만큼 담백하고 젠체하지 않는 사람이었다. 손 회장을 잘 아는 한 대기업 사장은 그를 이렇게 평가했다.

"손 회장은 절대 그 자리에서 '노(No)'라고 하지 않는 점이 대단하다. 무슨 이야기를 하든 잘 들어 주는데, 도중에 그 내용을 부정하지 않고 끝까지 잘 들은 뒤에 자기 말을 한다."

또 한 사람 떠오르는 인물은 글로벌 기업 GE(제너럴일렉트릭) 일본 법인의 아사이 에리코(浅井英里子) 사장이다.

아사이 에리코 사장은 단아한 미소가 인상적이며 여성 리더의 표본과도 같은 사람이다. 2018년 1월에 취임한 이후, 그는 줄곧 직원과의 소통 강화에 공을 들였다. 사장실이 아니라 직원 사무실 한가운데에 칸막이 없는 책상을 두고, 기운 없어 보이는 직원이 있으면 불러서 직접 상담을 한 것이다. 그는 언제나 '최고경영자는 먼저 물어 직원들의 이야기를 듣는 방식으로 소통해야 한다'고 강조한다.

잡담과 대화의 달인이 되기 위해 가장 중요한 사항은 '잘 듣는 사람이 되는 것'이다.

"입을 열면 자신이 아는 바를 반복하게 되지만, 귀를 열면 새로운 것을 배우게 된다."

— 달라이 라마

눈과 귀는 둘이요, 입은 하나이다. 말하는 시간의 두 배를 상대의 말을 듣고 상대의 눈을 보는 데 쓰자. 이류는 입을 놀리고, 일류는 눈과 귀를 움직인다는 점을 명심하기 바란다.

원칙 04

'6W1H'로 잡담 실력 늘리기
의문사로 시작하는 질문을 던져라

— 여섯 가지 질문으로 대화를 신나게!

그렇다면 어떻게 해야 '상대방이 기분 좋게 이야기하게' 할 수 있을까? 관건은 질문 만들어 내기이다. 이것이야말로 '대화 능력의 핵심'이라 할 수 있다.

☑ 대화하는 30분 동안 몇 번 질문하는가?

시험 삼아 자신의 대화 내용에 딱 30분 동안만 의식을 집중해 보자. 만약 30분 동안 상대에게 던지는 질문이 세 개 이상 나오지 않는다면 요주의 사인으로 받아들여야 한다.

'자기 이야기만 하는 사람'이거나 '이야기도 하지 않고 질문도 던지지 않는, 즉 대화가 되지 않는 사람'일 확률이 크기 때문이다. 그런데 사실 대화하면서 질문을 하지 않는 사람이 너무나도 많다. 비단 경영자만의 이야기가 아니다.

하버드대학교 경영대학원의 연구에 따르면 '질문을 많이 한 사람이 그렇지 않은 사람보다 상대를 더 잘 알 수 있으며, 상대에게 호감도 많이 줘서 두 번째 데이트를 할 확률이 높았다'고 한다. 그런데도 많은 이가 '질문의 힘'이 거둬들이는 경이로운 효과를 과소평가한다.

✅ 의문사로 시작하는 질문을 던져 보라

어떻게 하면 '좋은 질문'을 할 수 있을까?

필자는 잡담을 잘하고 싶어 하는 기업 대표들에게 의문사를 최대로 활용하라고 조언한다. 방법은 간단하다. '6W1H'로 시작하는 질문만 하면 되는 것이다.

'예, 아니요'로 대답하는 '닫힌 질문'보다 '상대가 자유롭게' 답할 수 있는 '열린 질문'이 대화를 훨씬 풍성하게 한다. '6W1H(What, Who, When, Where, Why, Which, How)'로 시작하는 질문은 모두 '열린 질문'이다.

구체적으로는 아래 표에 정리된 것과 같은 질문들이다. '6W1H'를 잘 활용하기만 하면 질문 범위가 무한정 넓어진다는 것을 알 수 있다.

'6W1H'로 시작하는 질문을 던지자

① What - 어떤 생각, 어떤(무슨) ○○

【예】'…에 관해 어떤 생각이 들어요?'
'무슨 이유로(어쩌다) 그렇게 됐어요?'
'어떤 …(책, 영화, 동물, 운동, 음식 등)을 좋아해요?'
'요즘 어떤 뉴스를 눈여겨봐요?'
'일해 보니 어떤 느낌이 들어요?'
'우리에게 어떤 과제가 있나요?'
'어떤 목표를 세웠나요?'
'무슨 일을 하세요?'
'그래서 어떤 반응을 보였나요?'
'쉬는 날 뭐 하고 싶어요?'

② Who - 어느 사람, 어떤 사람, 누구

【예】'앞으로 어떤 사람이 되고 싶어요?'

'연예인 누구 좋아해요?'

'누구와 같이 밥 먹겠어요?'

'역사적 인물을 만날 수 있다면 누구를 만나겠어요?'

'어떤 사람이 이상형이에요?'

③ When - 어떤 때, 언제

【예】 '언제가 좋을까요?'

'어떤 때 마음이 안정되나요?'

'어느 계절이 좋을까요?'

④ Where - 어디에, 어디에서

【예】 '어디 가고 싶어요?'

'이거 어디서 샀어요?'

'고향이 어디예요?'

'어디 살아요?'

⑤ Why - 왜

【예】 '이게 왜 인기가 있어요?'

'왜 여기 있었어요?'

'왜 이렇게 됐어요?'

⑥ Which – 어느 것, 어느 쪽, 어느 곳, 어느

【예】 '개와 고양이 중에 어느 쪽이 좋아요?'
'어느 것이 좋아요?'
'어느 나라에 가고 싶어요?'
'어느 회사 제품을 써요?'

⑦ How – 어떻게, 어떤 방법으로, 어떻게 하면, 어떤 식으로

【예】 '요즘 컨디션은 어때요?'
'어떻게 하면 좋을까요?'
'어떤 방법으로 했어요?'
'이 문제는 어떤 식으로 해결할까요?'

6W1H로 시작하는 질문 중에서도 밑줄로 표시된

'어떤 생각이 들어요?'
'어떤 …을 좋아해요?'

'뭐 하고 싶어요?'
'고향이 어디예요?'
'컨디션은 어때요?'
'어떻게 하면 좋을까요?'

 이와 같은 6개 질문을 특히 잘 기억했다가 활용하면 5분, 10분 짜리 대화는 무난하게 이어 갈 수 있을 것이다.

원칙 05

'네 가지 질문'을 활용하면 대화가 끊길 걱정이 없다

— '묻기 → 듣기 → 묻기 → 듣기 → 내 이야기 하기'로 잡담 정복!

하지만 정중앙을 노린 직구만 던진다면 대화가 일방적으로 흘러서 오래 이어지기 어렵다. 그래서 '잘 묻는 사람'일수록 '변화구'를 섞어 물 흐르듯 자연스럽게 대화를 이끈다.

☑ '네 종류'로 나누어 물어라

하버드대학교 경영대학원의 연구에 따르면 질문에는 네 종류가 있다고 한다.

① '안녕하세요?', '고향이 어디예요?' 등의 '도입 질문'

② 상대의 질문을 똑같이 돌려주는 '되묻기 질문'
③ 상대가 말한 내용과 관련한 '후속 질문'
④ 주제를 바꾸는 '방향 전환 질문'

나: 고향이 어디예요? (도입 질문)

상대: 야마가타예요.

나: 야마가타예요? (되묻기 질문)
　　　참 좋은 곳이죠. 야마가타는 어느 온천이 좋아요? (후속 질문)

상대: 긴잔온천이라고 있는데 그 지역이 참 운치가 있어요.

나: 그런데 야마가타는 뭐가 맛있어요? (방향 전환 질문)

상대: 사람들은 야마가타 하면 '이모니'라는 토란 음식부터 떠올리는데요, 저는 히야시라멘을 좋아해요.

나: 와, 먹어 보고 싶네요! 라멘 얘기가 나와서 말인데, 제가 얼마 전에 진짜 맛있는 집을 찾았거든요. (내 이야기)

이런 식으로 질문의 '구종'을 조금씩 바꿔 던지면서 '묻기→듣기→묻기→듣기→가끔 내 이야기 하기'로 사이클을 돌리라는 말이다. 이렇게만 해도 누구나 눈 깜짝할 사이에 잡담의 달인이 될 수 있다.

질문을 받는 입장일 때도 '계속 대답만 하기 싫다' 싶을 때는 질문자에게 거꾸로 질문을 돌려주면 '마이크'가 상대에게 넘어간다. 또 일방적으로 자기 이야기만 쏟아 내는 사람에게는 '내가 듣고 싶은 이야기에 관해' 물으면 자연스럽게 화제를 바꿀 수 있다.

이 절묘한 '기술'을 실전에서 꼭 시험해 보기 바란다.

> **원칙 06**
>
> ## '대박 상품의 법칙'으로 상대가 좋아하는 주제를 찾아내라
>
> — 사람은 기본적으로 주위 10m 이내에 있는 것에 흥미를 느낀다.

'듣는 힘'과 '6W1H 활용'을 습득하고 '묻기→듣기→묻기→듣기→가끔 내 이야기 하기' 기술까지 이해했다면 이제 마지막으로 '내 이야기 하기'의 요령을 익힐 차례이다.

대화 중에 '상대의 마음을 사로잡으려면' 절대 실패하지 않는 주제를 잡아야 하는데, 3대 주제가 바로 '관계, 관심, 가치'이다. 하나씩 설명해 본다.

✅ 상대와 '관계'있는 것이라야 좋아한다

첫째는 '관계'이다. 사람은 각자 흥미를 느끼는 분야가 다르다.

가족, 건강, 돈, 친구, 일, 운동, 취미…. 미국의 유명한 심리학자 매슬로(Abraham Harold Maslow)'*는 인간의 근원적인 욕구에는 '생리적 욕구(생명 유지)', '안전의 욕구(신변의 안전)', '사회적 욕구(애정과 소속)', '존경의 욕구(인정받으려는 욕구)', '자아실현의 욕구'라는 다섯 단계가 있다고 주장했다. 그런데 인간의 흥미와 욕구 대부분은 모두 자신과 '관계' 있는 것이다.

코로나19는 큰일로 여기지만, 지구온난화나 난민 문제는 남의 일처럼 여기는 것만 봐도 알 수 있다. 결국 사람은 주위 10m 이내에 있는 것 중 자신과 '관계' 있는 것 외에는 좀처럼 제 일로 생각지 않는다는 말이다.

✅ '관계' 있는 화제는 '대박 상품의 법칙'으로 찾을 수 있다

'관계' 있는 화제의 구체적인 예를 다음 페이지 표에 제시했다. 그전에 알아 둘 것이 있다. 이른바 '대박 상품의 법칙'이다. 잘 팔리는 상품이 공통으로 갖춘 조건인데 '일상에 쓰이고, 문제를 해결하고, 득이 되고, 불편을 덜며, 사회적 영향력이 있다'는 점이다.

잡담과 대화를 풍성하게 만드는 데도 바로 이 법칙을 적용한다.

---

* 1908~1970. 미국의 심리학자. 인간의 자아실현에 대한 체험적인 연구를 진행했다. 인간의 욕구에는 단계가 있으며, 하위 단계의 욕구가 충족되어야 상위 단계의 욕구가 발현된다는 동기이론으로 유명하다.

다시 말해 상대의 '일상'에서 '문제 또는 손익'과 연관되고 '편리'하며 무언가 '영향력'을 주고받는 화제를 선택하라는 말이다.

상대와 관계있는 화제 – '대박 상품의 법칙'을 활용하라

① 일상 – 상대 '주변'에 있고 '친근하게' 느껴지는 것
"근처에 대형 마트가 생겼어요."
"이번 신입 직원이 아주 똑똑하다네요."

② 문제 – 상대가 '신경 쓰고 있는 문제'
"팔뚝 살을 빼는 방법이 있어요."
"단숨에 얼굴을 갸름하게 만들고 싶죠?"

③ 손익 – 상대에게 '손해가 되는 것, 이득이 되는 것'
"이렇게 하면 돈을 벌 수 있죠."
"그렇게 하면 매년 30만 원을 버리는 거나 다름없어요."

④ 편리 – 상대에게 '도움이 되는 것'
"여기 가면 이런 서비스를 받을 수 있어요."
"이걸 쓰면 얼마나 편한지 몰라요."

⑤ 영향 – 상대에게 '개인적, 사회적으로
　　　　　영향이 미치는 것'

"코로나19 때문에 회사 실적이 대폭 줄었대요."

"이번 인사이동으로 ○○○ 씨가 상사로 올 것 같아요."

원칙 07

'스캔들의 법칙'으로
상대의 '관심'을 움켜쥐어라

— '유명인의 실패와 고난'에는 시선이 쏠릴 만한 이유가 있다.

절대 실패하지 않는 3대 주제 중 둘째는 '관심'이다.

☑ 상대가 '관심' 있는 화제를 꺼내자

상대가 '관심' 있는 화제로 이야기를 시작하면 힘들이지 않고도 상대가 내 이야기에 귀 기울이게 할 수 있다. 상대가 '관심'을 가진 화제의 구체적인 예를 표로 정리했다.

무명 연예인이 어느 날 갑자기 유행어를 만들어 유명해졌다가 참담한 실패를 겪은 뒤, 사람들의 감정에 호소해 눈물 흘리며 인생사를 고백하는 부침 많은 인생 스토리….

'유명인의 실패와 고난'에는 세간의 시선이 쏠리게 마련인데, 그 이유는 그들의 인생사에 사람들이 '관심'을 가질 수밖에 없는 요소가 잔뜩 들어 있기 때문이다. 나는 그것을 '스캔들의 법칙'이라고 부른다. 경영자들은 보통 자신의 '성공담'을 들려주고 싶어 하지만, 사람들은 오히려 '실패담'을 듣고 싶어 한다.

상대가 관심 있는 화제 – '스캔들의 법칙'을 활용하라

① 유행 – 최근의 일, 트렌드
"요즘 가장 인기 있는 디저트는 …죠."
"지금 이 영화를 보지 않으면 손해에요."

② 유명 – 유명한 사람이나 기업
"애플의 신제품이에요."
"테슬라의 차세대 기대주죠."

③ 고생, 실패, 갈등 – 고난을 어떻게 극복했는가?
'가난했던 노숙자가 연 매출 10억 원의 사장이 된 이야기'
'일생일대의 무대에서 경험한 참담한 실패'

④ 감정 - 놀라움과 분노,
　　　 환희의 감정을 불러일으키는 이야기

"난폭 운전을 100번도 넘게 반복했대요."
"난치병을 극복하고 올림픽에서 금메달을 땄습니다."

⑤ 고백 - 비밀, 처음 털어놓는 이야기

"나 사실은 당신을 좋아해요."
"나 사실은 재벌 2세예요."

⑥ 변화 - 새로운 것, 늘어나고 줄어드는 것

"그 회사 주가가 일주일 만에 두 배로 뛰었잖아요."
"감염자가 반으로 줄었대요."

　　세계 최대 보험회사인 AIG의 일본법인 집행이사 하야시바라 마리코(林原麻里子) 씨. 그는 학창 시절에 왕따를 당하기도 했고 생활고에도 시달렸으며 싱글맘으로 살면서 수많은 고난을 극복한 인물이다. 필자는 그의 파란만장한 인생사가 너무나도 재미있어서 '남김없이 공개하라'고 권했다. 그렇게 '고난과 실패'를 모조리 공개한 그의 인생사는 회사 안팎에서 크게 공감을 불러일으켰다.

> **원칙 08**
>
> ## '자신이 얼마나 대단한지'가 아니라 '상대가 얼마나 대단한지'를 말하라
>
> — 상대에게 '그의 가치'를 말해 주는가?

절대 실패하지 않는 잡담의 3대 주제 중 마지막 주제, 그리고 셋 중 가장 중요한 주제는 '가치'이다.

☑ 누구나 '자기 가치'를 내세우게 마련이다

예를 들어 상사가 말을 걸어온다고 하자. 여러분이라면 다음 중 어느 경우에 '나도 열심히 해야지!'라는 의욕이 샘솟을까?

A : 나는 실적이 5년 연속으로 사내 1등이었어. 그래서 몇 번이나 상을 받았지.

B : 자넨 우리 회사에 꼭 필요한 존재야. 역시 믿고 맡길 사람은 자네밖에 없어.

당연히 B일 것이다. 혹 자신도 모르는 사이에 '과거 얘기', '설교', '자기 자랑'의 늪에 빠져 있지는 않은가?

사람은 누구나 자기 경험을 이야기하고, 성격이나 장점 같은 '자기 가치'를 드러내 보이고 싶어 한다. 그런데 그런 이야기가 '자신에게는 가치가 있더라도 상대에게까지 가치가 있다고 단정할 수는 없다.'

☑ '내'가 아니라 '상대가 얼마나 대단한지'를 말하자

상대가 정말 듣고 싶은 이야기는 '말하는 나의 가치'가 아니라 '듣는 그의 가치'이다. 누구나 남의 자랑 이야기보다는 칭찬을 듣고 싶은 법이다. 단적으로 말해 '나 대단하지?'가 아니라 '넌 참 대단해'라는 말을 듣고 싶은 것이다.

그러니 '자기 이야기'를 하더라도 그저 자기 과시로 끝내지 말고 '상대의 가치'도 분명히 짚어 주는 것이 잡담을 잘하는 비결이다. 여기에 '남을 칭찬하는 방법'까지 익힌다면 여러분의 호감도는 부쩍 상승할 것이다.

☑ '자기 과시'를 뛰어넘어 말하기

앞에서도 강조했지만, 여행이든 건강이든 음식이든 간에 잡담의 주제는 상대가 관심을 가지는 것이라야 실패를 피할 수 있다. '어떤 주제인지'가 아니라 상대에게 그 주제가 얼마나 '관계', '관심', '가치' 있는 주제인지가 중요하다는 뜻이다. 잡담, 대화뿐 아니라 프레젠테이션을 할 때도 '상대를 사로잡는 이야기'를 하려면 그러한 3대 주제가 필요하다. '3대 주제의 일례'로 토요타 자동차의 도요다 아키오(豊田章男, 1956~) 사장과 관련한 일화를 소개한다.

도요다 아키오는 2019년 모교인 미국 뱁슨대학(Babson College)의 졸업식에서 '도넛을 찾아라!'라는 연설을 했다. 죽어라 공부만 하느라 재미라고는 없었던 대학 시절, '도넛'을 정말 좋아했다는 일화를 소개하면서 졸업생들에게도 '몰두할 수 있는 무언가를 찾으라'고 호소한 것이다.

그리고 그들의 눈높이에 맞춰 '관계', '관심', '가치'를 차례로 꺼내 보였다. 그는 '여러분은 큰 인물이 될 것이다', '재능이 넘치는 여러분!' 같은 말로 진지하게 졸업생늘을 존중하나가도 '오늘 밤 파티에 나도 끼워 주면 안 되느냐?' 같은 유머를 섞어 가며 졸업식장에서 몇 번이나 폭소를 터뜨리게 했다. 또 '오랫동안 열의를 간직하라'고 호소는 했지만, '토요타는 최첨단 혁신으로 사회에 공헌하겠다' 같은 진부한 선전 문구나 젊은이들을 향한 늙은이의 '훈시'는 일절 하지 않았다.

이렇게 세계를 무대로 활약하는 사람들은 '철저히 상대의 눈높이에서' '자기 과시를 뛰어넘는 말'로 듣는 이를 매료하는 것이다.

'동기부여의 마술사'가 되자!

의욕을 북돋우는 칭찬하기·꾸중하기의 원칙

칭찬받고 싶은데
칭찬받지 못하는 사람들

    필자는 제1장 후반부에서 '상대의 가치'를 말해 주라고 조언했다. 이 말은 '칭찬의 달인'이 되라는 뜻이기도 하다. 외국 경영자들과 이야기를 나누어 보면 그들이 '매우 능숙하게 칭찬한다'는 점을 절실히 느낄 수 있다. 진짜 능력 있는 사람일수록 '상대를 성장시키고 움직이게 하는 수준급 칭찬법'이 몸에 배어 있어서 주변 사람의 마음을 단단히 사로잡는다.

    한편 주위를 둘러보면 '칭찬이 사람을 망친다'며 칭찬을 부정적으로 보는 풍조도 있다. 우리 회사에서 조사한 바에 따르면 직장인의 80%가 '칭찬받고' 싶어 하지만, 실제로 칭찬받는 사람은 40%밖에 안 된다고 한다. 사회에 '칭찬 억제 병'이 만연했다고 표현하고 싶을 정도이다. 하지만 필자는 사소한 말 한마디로 상대를 기분 좋게 하고 크게 힘을 북돋울 수 있다는 의미에서 서로를 듬뿍 '칭찬'해 주는 '칭찬의 달인'이 되자고 힘주어 이야기하고 싶다.

원칙 09

'정감찬사' 법칙으로
상대를 기분 좋게 만들어라

— 진짜 능력자는 '인정, 공감, 칭찬, 감사'의 달인이다.

그렇다면 '수준급 칭찬법'이란 대체 어떤 것일까?

☑ '정감찬사' 법칙을 기억하라

관건은 다음 페이지의 표에 정리해 놓은 '인정', '공감', '칭찬', '감사' 네 가지를 조합해서 칭찬하는 것이다. 각 단어에서 한 자씩 따서 '정감찬사' 법칙이라고 했다. '정감 있게 찬사하는 법'이라고 기억하면 되겠다.

'최고의 칭찬'을 하려면 다음 네 가지를 조합하라

① '인정' - 상대의 존재나 행동을 알아채고 인정하기

【예】"아하! 그런 방법도 있군요."

"요즘 눈빛이 달라졌어."

"아침 일찍부터 도시락을 싸다니 부지런하십니다."

② '공감' - 상대의 기분이나 의견에 동조하고 찬성·긍정하기

【예】"그 기분 정말 잘 알아요."

"그 말이 맞아요."

"힘들었죠?"

③ '칭찬' - 뛰어난 점을 높이 평가하기

【예】"감각이 좋네요."

"정말 많이 배웠습니다."

"역시 프로는 다르네요."

④ '감사' - 고맙다고 인사하기

【예】"항상 배려해 줘서 고마워요."

> "딱 맞는 조언을 해 줘서 얼마나 고마운지 몰라요."
> "덕분에 살았네요. 정말 고마워요."

먼저 '인정'해 주자. 자신의 변화와 노력을 인정받으면 누구라도 기뻐한다. 그리고 '공감'으로 긍정해 주자. 내 기분을 상대가 알아준다는 느낌이 들면 사람은 누구나 안심하게 된다. 또 누군가가 자신의 뛰어난 점을 '칭찬'해 주면 의욕이 샘솟는다. 게다가 '고맙다'는 말까지 들으면 여러 연구가 증명하듯 생산성이 오른다.

'정감찬사' 효과는 일본의 인기 드라마 〈한자와 나오키〉의 한 장면에서도 잘 드러난 바 있다.

"큰 계약을 성사시켰다지?" (인정)
"힘든 일을 겪었으니 훨씬 더 기쁠 거야. 그 기분 잘 아네." (공감)
"고객에 대한 배려도 훌륭했고. 자네 애 많이 썼어." (칭찬)
"진심으로 축하해. 그리고 정말 고마워." (감사)

상사가 〈한자와 나오키〉의 주인공처럼 말해 준다면, 그 마음 씀씀이에 보답하고 싶어서라도 부하 직원의 가슴속에 의욕이 마구 샘솟지 않을까?

원칙 10

칭찬할 때는 '당·구·감'이 기본 중의 기본

— '고맙다', '수고한다'는 말을 건성으로 하고 있지는 않은가?

몇 가지 기본만 지키면 칭찬을 더 잘할 수 있다.

☑ **칭찬, 감사를 잘하려면 '당·구·감'!**

그 기본이 바로 '당·구·감'이다.

[당] (해당하는 행동 직후에) **당**장 칭찬한다.
[구] 구체적으로 칭찬한다.
[감] 감정을 실어 칭찬한다.

그저 "잘했어"라고 말하기보다 "오늘 프레젠테이션, 제시한 근거에 설득력이 있었어"라고 말하는 식으로 행동에 초점을 맞추어 구체적으로 평가하라는 말이다. 그래야 '내가 상대를 신경 쓰고 있다'는 사실이 잘 전달되고, 어떤 행동을 했을 때 칭찬받는지 상대가 배울 수 있다.

이 '당·구·감'은 '칭찬'뿐 아니라 '인정'이나 '공감', '감사'를 표할 때도 효과적이다. 앞뒤 없이 "고마워"라고 말하는 대신 "바쁠 텐데 도와줘서 고마웠어"라고 말하고, 짧막하게 "수고했어"라고 툭 던지는 대신 "온종일 웃는 얼굴로 애썼어. 손님들도 좋아하더라"라고 말해 보자.

이렇게 한마디 더 '표현해' 주기만 해도 상대에게 감정이 훨씬 잘 전달된다.

원칙 11

칭찬과 꾸중은 6:1이 과학적으로 증명된 황금비율이다

— '건설적인 꾸중'으로 상대의 마음을 울릴 수 있는가?

칭찬이 아무리 중요하다 한들, 매일 칭찬만 할 수는 없는 노릇이다. 때로는 아랫사람을 따끔하게 꾸중해서 개선을 촉구할 필요도 있으니까 말이다. 이때 요구되는 것이 상대를 '잘 꾸중하는 능력'이다. 그런데 아쉽게도 요즘은 자칫 '괴롭힘'이라고 비난받을 수도 있어서 경영진이나 간부들에게서 '꾸중하기가 어렵다'는 고민 상담도 늘고 있다. 그렇다고 해서 꾸중도 하지 않고 칭찬도 하지 않는 '소통 부재' 상태로 지낸다면 직장 내 사기가 저하되고 주가도 오르지 않는다.

✅ 과학적 황금비율은 '꾸중 한 번과 칭찬 여섯 번'

그러니 '칭찬'과 '꾸중'을 최적의 비율로 조합하는 것이 필요하다. '긍정 피드백과 부정 피드백의 최고 비율'은 이미 과학적으로 검증된 바 있다. 미국의 한 컨설팅 기업은 연구에서 '긍정 피드백이 6일 때 부정 피드백이 1인 비율이 가장 좋다'는 결론을 얻었다. 다시 말해 한 번 꾸중하면 여섯 번 칭찬하라는 말이다. 이는 '칭찬'을 훨씬 중요하게 본 것인데, 주위의 외국계 기업만 봐도 이런 경향이 강하다는 것을 알 수 있다.

앞에서도 언급했다시피 우리 사회는 칭찬이 부족하다. 다들 '칭찬받고 싶은' 마음은 굴뚝같아도 칭찬해 주는 사람이 지극히 적다. 이런 사회 분위기에서는 노동자의 의욕이나 애사심이 낮을 수밖에 없다. 현재 직장 내 소통 방식에 문제가 없는지 살펴서 '잘 칭찬하고 잘 꾸중할 수 있도록' 시급히 개선해야 할 것이다.

원칙 12

'칭찬 → 꾸중 → 칭찬'은 낡은 방식 '잘 꾸중하는 법'은 따로 있다!

— '칭찬'과 '꾸중'을 확실히 구분하되 '네 가지 요소'를 이용한다.

인정받는 경영자는 어떻게 '잘 꾸중하는지' 들여다보자.

☑ '칭찬 → 꾸중 → 칭찬' 순의 샌드위치 화법은 그만!

예전에는 누군가를 꾸중할 때 '칭찬 → 꾸중 → 칭찬' 순의 샌드위치 화법을 구사하라고 했다. 하지만 그건 낡은 생각이다. 왜냐하면 사람의 심리는 부정적인 쪽으로 기울게 마련이기 때문이다. 꾸중하는 내용이 과잉 칭찬, 즉 긍정적인 말에 가려서 헛수고로 끝날 수도 있다. 그래서 요즘은 칭찬과 꾸중을 뒤섞지 말고 '꾸중할 때'와 '칭찬할 때'를 분명하게 나누는 것이 좋다고들 말한다.

☑ 제대로 꾸중하는 사람은 이런 점이 다르다

사람은 스스로 생각해서 깨달을 때 비로소 본질적으로 변할 수 있다. 그러니 상대에게 좋은 '질문'을 던져서 문제가 무엇이고 해결책은 무엇인지 스스로 찾아내게 하는 것이 훨씬 효과적이다. 제대로 꾸중하고 싶다면 상대의 마음에 분명하게 가닿는 '건설적이고도 부정적인 피드백(비판적으로 평가하여 개선 끌어내기)'을 해야 한다. 그런 의미에서 꾸중할 때는 다음 네 가지 요소를 고려해야 한다.

① 꾸중해야 할 사실
② 왜 잘못인지 이유
③ 그에 관해 내가 생각하는 주관
④ 해결책 제시하게 하기

일방적으로 자기 생각만 강요하는 '설교'나 상대에게 상처를 주는 '단정 짓기'는 피해야 한다. 상대를 주어로 놓고 "그러니까 네가 ○○지"라고 비난하지 말고 자신을 주어로 삼아 "나는 무척 아쉬웠다"라는 식으로 느낌을 전하는 것이 좋다. 이는 어린아이에게도 쓸 수 있는 기술이다.

── 상대를 꾸중하는 잘못된 방법

상사 : 보고를 안 하면 어떻게 하나? 잊어버렸다는 게 말이 돼? 진짜 무책임한 거야, 이건! 자네는 이런 게 문제야! **(격노)**

부하 : 죄송합니다….

── 유능한 리더가 꾸중하는 방법

상사 : 오늘 중요한 보고가 빠졌어. **(사실)** 그게 없으면 전체 업무가 엄청나게 밀린다는 거 알잖아. **(이유)**
팀장으로서 정말 유감이야. **(주관)**

부하 : 바빠서 잊어버렸습니다. 죄송합니다.

상사 : 어떻게 하면 안 잊어버리겠나? **(해결책을 제시하게 하기)**

부하 : 앞으로는 일정표에 기재하고 여러 번 알림이 오도록 설정해 두겠습니다. 그리고 조심하겠습니다. 죄송합니다.

여론조사 전문 기관 갤럽의 조사에 따르면 설사 부정적일지라도 피드백을 받은 사람은 전혀 피드백을 받지 못한 사람보다 애사심이 스무 배나 높았다고 한다. 가장 나쁜 것은 긍정적이든 부정적이든 소통이 없는 것이다. 비난하지 말고, 설교하지 마라! 의욕을 꺾어서는 안 된다! 효과적으로 칭찬하고 효과적으로 꾸중하는 '동기부여의 달인'이 되기 바란다.

제**3**장

> # 모두가 수긍, 인정,
> # 감동하게 하자!

머리 좋은 사람의 단순하고 분명한 설명 원칙!

비대면 시대에 더욱 요구되는 설명 능력

'이야기에 전달력이 없다', '하다 보면 말이 길어진다'…. 온라인 화상 회의가 늘어나는 비대면 시대에 필자에게는 기업 간부들의 SOS 요청이 쇄도하고 있다. 간결하게 요점을 전달하는 능력이 그 어느 때보다 중요해졌기 때문인데, 그런 능력이 부족한 사람이 참으로 많다. 안 그러려고 해도 자꾸만 머릿속에 넘쳐 나는 생각과 의견. 그 복잡한 머릿속을 '정리'하고, 정돈된 언어로 바꾸어 알기 쉽게 이야기하는 '설명의 달인'이 될 수 있는 원칙을 소개한다.

'설명을 잘할 수 있는 비결'은 딱 두 가지이다.
'메시지를 얼마나 임팩트 있는 한마디로 압축했는가?'
'이야기 순서를 잘 잡았는가?'

첫째 비결, '임팩트 있는 한마디'는 어떻게 만들어 내는지부터 살펴보자.

> **원칙 13**
>
> ## '13자 내로 압축한 한마디'를 먼저 만들어라
>
> ― '한마디로 정리해 보라'는 말에 바로 답할 수 있는가?

편의점에 갔다고 하자. 내용물은 같은데 겉 포장에 인쇄된 내용이 서로 다른 세 가지 상품이 있다. 사람들은 어떤 상품을 고를까?

① 야채수프
② 뿌리채소를 큼지막하게 썰어 넣은 정통 프랑스식 수프
③ 한입 크기의 감자, 당근, 연근을 잘게 썬 베이컨과 함께 세 시간 동안 푹 끓인 뒤 소금, 후추, 콩소메로 맛을 낸 수프

①은 무미건조해서 매력이 없고, ③은 너무 길어서 바로 이해하기 어렵다. 잘된 설명이라면 역시 상품의 특징이 바로 드러나야

한다. 그런 의미에서 ②가 '제일 쉽게 이해'되는 설명이다.

✅ '한마디로 압축'하는 습관을 들여라

이런 예만 봐도 알 수 있듯이 손님(청중)이 사게(이해하게) 하려면 상품(정보)의 가장 큰 '특징'을 응축한 캐치프레이즈가 중요하다. '설명의 달인'이 될 수 있는지 없는지는 그 한마디를 만들 수 있는지 없는지에 달려 있다.

'맛있다, 싸다, 빠르다.' (규돈 체인 요시노야)
'가격 그 이상' (인테리어, 가구 소매점 니토리)
'입안의 연인' (롯데)

기업이 슬로건이라는 짧은 문구로 그들의 강점과 세계관을 표현하고 자사와 타사를 차별화하듯 우리도 일단은 '전하고자 하는 바를 한마디로 요약하는' 습관을 들여야 한다.

✅ '13자 이내로 압축하라'

호소하고 싶은 결론이나 핵심 메시지를 임팩트 강한 한마디로 응축하는 과정은 잡지와 신문에서 기사에 제목을 붙이는 과정과 같다. 독자들은 제목부터 보고 더 읽을지 말지를 정한다. 제목도 보지 않고 장황하게 이어지는 기사를 읽는 사람은 없다.

　신문 기사의 제목에는 통상 1행에 9~11자, 2행이면 20자 정도가 들어간다. 10~20자가 바람직하다는 말인데, 일본 최대 포털 사이트인 야후재팬의 뉴스 제목은 통상 13자 안팎이다. 이를 힌트 삼아 13자 이내로 압축하겠다는 목표를 세워 보자. 13자 정도면 '한참 읽을' 길이가 아니라 '단숨에 보여 주는' 길이이다. 이 정도로 압축해야 보는 이가 직감적으로 이해하기 쉽다. 우선은 '13자 이내의 한마디'가 목표이다.

> **원칙 14**
>
> ## '영혼이 깃든 한마디'를
> ## 가다듬는 3단계
>
> ― 표현을 다듬어 가슴 뛰는 한마디로

영어에 '펀치라인(punchline)'이라는 단어가 있다. 농담하거나 사람을 웃길 때 핵심이 되는 결정적인 구절을 가리키는 말이다. 우리는 어떻게 하면 '상대의 마음을 두드리는 펀치라인 13자'를 만들 수 있을까?

☑ '임팩트 있는 13자'를 만들기 위한 3단계

필자는 세계적으로 유명한 정리정돈 전문가 곤도 마리에(近藤麻理恵)의 아이디어를 응용해 표현을 '정돈'하는 3단계를 실천하라고 조언한다.

1단계 | 표현 목록을 다 끄집어낸다

처음 할 일은 표현 목록 검토이다. 할 말에 대한 자기식 표현을 머릿속 옷장에서 전부 끄집어내 나열해 본다.

> 【예】'소통', '말투', '사랑받는', '신뢰받는', '비결', '방법',
> '소통능력', '방정식', '원칙'

2단계 | '마음이 움직이는 표현'을 골라낸다

1단계에서 꺼내 놓은 표현 중에서 '특히 마음이 움직이는 표현'을 골라낸다.

> 【예】'소통능력', '원칙'

3단계 | 다섯 가지 방법을 이용해 13자로 정리한다

마지막으로 간결하게 13자 정도로 정리한다. 여기가 가장 중요한 부분인데, 짧게 줄이는 데만 신경 쓰면 임팩트가 약할 수 있다. 시선을 끌고 가슴이 두근거리는 표현으로 만드는 데 집중하자. 이때 다음 페이지의 표에 정리한 다섯 가지 비결을 이용하면 된다.

✅ 내 마음을 파고든 '한마디 제목' – '?→!'의 사례

설명을 잘하는 사람은 표에 나와 있는 '?→!'를 잘 활용한다. 제1장 후반부에서 소개한 도요다 아키오 사장의 연설이 바로 '?→!' 스타일의 대표적인 예라고 할 수 있다. 필자가 지금껏 듣고 본 중에 가장 마음에 와닿은 '?→!' 스타일은 2008년에 들었던 한 연설이다.

다섯 가지 방법을 활용해 핵심 메시지를 13자로 '개기'

① 비유 – 흔하지 않은 의외의 것에 비유한다

【예】 소통 능력을 근육처럼 단련하라
　　　소통 능력은 인생의 전원 버튼

② 숫자 – '구체적인 숫자'를 넣는다

【예】 소통의 일곱 가지 필승 방정식
　　　사랑받는 소통을 위한 3대 원칙

③ 이익 – '상대에게 득이 된다는 점'을 표현한다

【예】 소통을 잘하면 평생 연봉이 2배
　　　구직도 결혼도 소통하기 나름

> ④ 강력한 표현 – '최강', '세계 제일', '신의…' 등 강력한 표현을 삽입한다
>
> 【예】 바로 통하는 세계 최강의 소통!
>
> 소통을 위한 '신'의 방정식 공개!
>
> ⑤ '?→!' – '의문'으로 시작해 '감탄'으로 끝나는 알쏭달쏭하고 선정적인 표현을 이용한다
>
> 【예】 소통은 짱구에게 배워라!
>
> 소통 따위 무시해라!

연설자는 46세에 요절한 미국의 천재 작가 데이비드 포스터 월리스(David Foster Wallace)*. 그는 케니언대학(Kenyon College) 졸업식 축사에서 여러 우화를 차용한 명연설을 했는데, 그중 일부가 다음과 같다.

어린 물고기 두 마리가 헤엄치고 있었습니다. 그때 나이 많은 물고기가 그들을 스쳐 지나가며 이렇게 말했습니다.

---

* 데이비드 포스터 월리스(1962~2008)는 미국의 소설가이자 수필가이다. 1996년에 발표한 소설 《무한한 재미(Infinite Jest)》는 〈타임〉이 선정한 '1923년부터 2005년까지의 영어 소설 100선'에 뽑히며 미국 현대 소설의 정점을 보여 준다는 평을 얻었다.

"아가들 안녕? 오늘은 물이 어떻니?"

어린 물고기들은 헤엄치다가 멈추고는 서로의 얼굴을 바라보았습니다. 그리고 이렇게 말했습니다.

"물이 뭔데?"

그는 연설하는 내내 'This is Water(이것이 물이다)'라는 말을 반복했다. 이 한마디를 통해 '인생에서 가장 분명하고 중요한 현실은 대개 가장 보기 힘들고 생각하기 어려운 것'이며, '가장 소중한 것을 놓치지 말 것'을 호소했다.

'혁신'이나 '개혁' 같은 무미건조한 말로는 세계를 움직일 수 없다. 앞서 소개한 다섯 가지 비결을 참고 삼아 여러분의 '한마디'에 혼을 불어넣기 바란다.

원칙 15

미국 아이들이 배우는 기본 중의 기본!

— '결론→본론→결론' 순의 '햄버거 화법'

설명하는 순서에도 '실패하지 않는 원칙'이 있다.

그러나 아무리 '멋들어진 13자짜리 한마디'를 만들었다고 해도 이야기의 순서가 엉망이라면 상대에게 요점을 전달할 수 없다. 그래서는 설득할 수 없고 수긍을 끌어내기도 어렵다. 설명에는 '올바른 순서'가 있다.

설명할 때, 말하는 이는 듣는 이를 목적지로 인도하는 '안내자'가 되어야 한다. 그러려면 '지금 어디에 있고 어디로 데려가는지'를 알려 줘서 듣는 이가 길을 잃지 않도록 해야 한다. 순서도 없고 체계도 없이 장황하게 '주먹구구식'으로 늘어놓으면 듣는 처지에서는

'목적지까지 얼마나 남았는지'를 알 수 없어 '방향 감각'을 잃을 수밖에 없다.

그러면 어떻게 해야 할까? 듣는 이가 길을 잃지 않는 '실패 없는 설명의 원칙'이 여기 있다. 이 내용은 미국에서 아이들에게 반드시 가르치는 '상식'이다.

✅ 미국 아이들이 반드시 배우는 '실패 없는 설명의 원칙'

도입부에서 지금부터 '무슨 이야기를 할지' 알린 뒤 그 이야기를 하고, 마지막으로 '무슨 이야기를 했는지' 요약하라.

(Tell them what you are going to tell them, tell them, then tell them what you told them.)

이것은 미국 아이들이 많은 사람 앞에서 이야기할 때 실패하지 않으려면 지키라고 배우는 내용이다.

[Beginning : 결론] 저는 ○○에 관해 이야기하겠습니다.
[Middle : 본론] ○○는 ……입니다.
[End : 결론] ○○에 관해 소개했습니다.

말을 할 때는 반드시 ○○ 부분, 다시 말해 '핵심 메시지(결론)에 해당하는 한마디를 애초에 준비하고, 반드시 세 단락으로 구성할 것!'이라고 미국 아이들은 유치원 때부터 귀에 못이 박이도록 주입받는다. 이때 핵심 메시지를 말하는 빵 사이에 본론에 해당하는 고기를 끼워 넣은 '햄버거' 모양으로 배운다.

 이처럼 이야기를 시작하고 끝맺을 때는 앞서 언급한 원칙 14(79페이지)로 만들어 낸 '한마디 결론'을 던지고, 그 사이에 '내용'을 끼워 넣으면 된다. 설명할 때는 '결론→본론→결론'이라는 '햄버거 화법'이 기본 중의 기본이라는 점을 기억하자.

원칙 16

깔끔하고 간단한 '결론→이유→사례→[결론 '왜냐하면' 로드맵]

— '왜냐하면'만 붙여도 설득력이 커진다.

필자는 '결론→본론→결론'이라는 햄버거의 내용물(본론)을 만들 때는 세 가지 로드맵을 활용하라고 조언한다.

☑ **'결론→이유→사례→결론' 순으로 말하자**

첫째는 '왜냐하면' 로드맵이다. 본론 부분을 '이유→사례'로 나누어 전체적으로 '결론→이유→사례→결론' 순으로 설명하는 방법이다. 예를 들어 '소통을 잘하면 연봉이 두 배'가 결론인 이야기는 다음과 같이 풀어 갈 수 있다.

결론

소통을 잘하면 연봉이 두 배로 뜁니다!

본론

【이유】 왜냐하면, 소통 능력은 인맥, 문제 해결 능력, 결단력 등 비즈니스의 성공에 필요한 모든 힘의 원천이기 때문입니다.

【사례】 예를 들어 인맥을 봅시다. 같은 길을 가는 동료는 여러분이 정성 들이고 있는 바로 그 비즈니스의 초석을 이룹니다. 투자의 귀재 워런 버핏(Warren Buffett)은 이렇게 말했습니다. "소통 능력을 키우면 당신의 생애 가치는 1.5배가 된다."

결론

소통 능력은 여러분의 연봉을 두 배, 아니 백배로 늘려 주는 힘입니다.

이 화법을 영어에서는 'Point(핵심) – Reason(이유) – Example(사례) – Point(핵심)' 또는 'Point(핵심) – Evidence(근거) – Explain(설명) – Link(결론으로 연결)', 이를 축약해서 'PREP, PEEL 프레임워크' 등으로 표현한다.

☑ '왜냐하면', '…이기 때문에'를 붙여라!

전달하고자 하는 바에 '왜냐하면'을 붙이면 어떤 이야기를 해도 의외의 설득력을 얻게 된다.

엘런 랭어(Ellen J. Langer)* 하버드대학교 심리학과 교수는 재미있는 실험을 했다. '당신보다 내가 먼저 복사하고 싶다'는 의도를 세 가지 다른 표현으로 말했을 때, 어떤 표현이 가장 효과적인지를 검증한 것이었다.

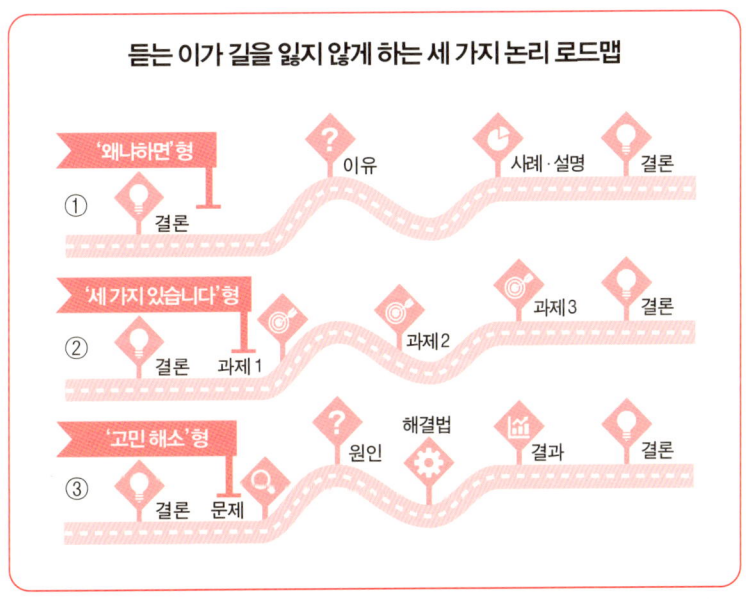

* 1947~현재. 카드 게임과 복권을 이용해 '통제력에 대한 환상'을 실험한 그의 논문은 오늘날까지도 사회심리학을 비롯해 다방면에서 거듭 인용되고 있으며, 특히 행동경제학 분야에 크나큰 영향을 미쳤다.

① "죄송합니다. 다섯 장인데 제가 먼저 복사하게 해 주세요."
② "죄송합니다. 다섯 장인데 급해서 그러니 먼저 복사하게 해 주세요."
③ "죄송합니다. 다섯 장인데 제가 복사를 꼭 해야 해서 그러니 먼저 복사하게 해 주세요."

먼저 복사를 할 수 있었던 확률은 ①이 60%, ②가 94%, ③이 93%였다. '급해서 그러니'라고 '이유'를 설명했더니 확률이 현격히 올라갔다.

그런데 ③을 자세히 보자. '복사를 꼭 해야 해서 그러니'라는 말은 사실 제대로 된 이유가 아니다. 그런데도 'because(왜냐하면)'가 들어 있었기에 ②와 동등한 효과를 발휘했다.

¤ 에피소드

필자는 과거 뉴욕에 살던 시절, 노숙자들이 어떻게 말하는지를 자세히 관찰했다. 그들이 '설명하는 방식'에 따라 모이는 금액이 확연히 달라지는 현상이 재미있어서였다. "Give me some coin(동전 좀 주세요)"이라고 하면서 컵을 내미는 사람이 대부분이었는데, 가끔 색다른 방식을 보여 주는 사람

> 도 있었다. 한 노숙자가 지하철 차량에 올라타더니 이렇게 말했다.
> "여러분, 저를 흔한 노숙자라 생각하시겠지요? 사실 저는 성실한 군인이었습니다. 그런데 노숙자가 될 수밖에 없었습니다. 왜냐하면 저는 대단히 희귀한 뼈 관련 질환에 걸렸기 때문입니다…"
> 그러자 깜짝 놀랄 만큼 많은 돈이 그의 컵으로 쏟아져 들어왔다.

"용돈 올려 주세요", "나 좀 도와줘", "이 상품을 추천합니다"…. 모든 주장에 '왜냐하면', '…이기 때문에'를 붙여라. 그렇게 하기만 해도 설득력이 엄청나게 커진다!

> **원칙 17**
>
> ## 설명을 간략하고 명확하게 만드는 ['세 가지 있습니다' 로드맵]
>
> — 세계적인 리더들도 활용하는 필승 화법!

본론을 구성하는 둘째 방법은 '세 가지 있습니다' 로드맵이다. 결론을 밝힌 뒤 '그 이유 또는 핵심이 세 가지 있다'고 설명하는 방법이다. 이 '세 가지'에는 '핵심', '이유', '과제', '시간 축(과거, 현재, 미래)', '장소(아시아, 유럽, 아메리카)' 등 다양한 내용이 들어갈 수 있다. 필자가 '세 가지 있습니다' 로드맵을 이용해 우리 회사 서비스를 알리려 한다면 이렇게 할 수 있을 것이다.

결론

우리 회사는 리더를 위한 '소통 능력 개선 프로그램'이라는 독보적인 서비스를 제공하고 있습니다.

본론

크게 세 가지 차별화 전략이 있습니다.

① 완벽한 세계 표준의 노하우
② 리더 계층에 특화해 압도적인 실적을 올린다는 점
③ 결과가 보장되는 독자적인 지도 방식

결론

놀라운 성과를 약속합니다.

☑ 세계적인 리더의 실천 사례

'세 가지 있습니다' 로드맵은 세계적인 리더와 경영진도 많이 활용하는 방법이다. 리셴룽(李顯龍) 싱가포르 총리의 코로나19 관련 기자회견을 예로 들어 보자.

의료, 경제, 심리 세 가지 측면에서 말씀드리겠습니다.
여기에서 중요한 점은 이것입니다. 첫째…, 둘째…, 셋째….

이런 식이었다. 리셴룽 총리의 말은 평소 품위 있으면서도 열정적인 어조가 특징인데, 논리적이고도 쉬운 설명 덕에 국민의 신뢰가 두텁기로 유명하다. 아마존의 최고경영자 제프 베이조스(Jeff Bezos)도이 로드맵을 자주 이용한다.

여기 세 가지 엄청난 아이디어가 있습니다. 장기적인 관점에서 따질 것, 고객이 우주의 중심이라는 것, 계속 발명하는 것입니다.

"우리는 '다양한 상품', '편리함', '저렴한 가격' 세 가지를 중요시한다"라는 말은 상투적이다.

아마존의 사내 소통 원칙 중에는 '내릴 버스 정류소가 가까워지는 상대에게 세 가지를 전달한다면 무슨 말을 어떻게 하겠는가?'라는 질문이 있다고 한다.

'핵심을 세 가지로 압축하라!'는 내용을 철저히 교육하는 것이다. 중국 알리바바의 마윈(馬雲)은 이런 식으로 '세 가지'를 제시한다. 성공하려면 3Q, 즉 'EQ(감성지수)', 'IQ(지능지수)', 'LQ(Love Quotient, 사랑지수)'를 갖추어야 한다.

언제나 에너지 넘치는 마윈은 '마음에 남는 말'을 만드는 데도 정열을 아끼지 않는 듯하다. 이처럼 세계 최고의 리더들은 '세 가지 있습니다' 로드맵을 입버릇처럼 활용한다.

☑ '세 가지 있습니다' 로드맵 사용 시 주의사항

그런데 어째서 두 가지도 아니고 네 가지도 아니고 세 가지일까? 그 이유는 3이라는 숫자가 많지도 적지도 않은 '매직 넘버'이기 때문이다. '과거, 현재, 미래', '금, 은, 동' 등만 봐도 알 수 있듯 예로부터 '3'은 안정감 있는 숫자로 중요하게 여겨졌다.

'세 가지 있습니다' 로드맵은 설득력이 엄청난 화법이지만, "음…, 셋째가 뭐였더라?" 하고 머뭇거린다면 창피한 노릇이다. 남 앞에 나서기 전에 확실히 암기해 두어야 한다. 또 남용하면 듣는 이의 흥미를 떨어뜨릴 수 있으므로 '이때다!' 싶을 때만 적절히 활용하자.

원칙 18

대통령부터 판매원까지 애용하는 ['고민 해소' 로드맵]

— 흥미로운 프레젠테이션에는 '공통적인 틀'이 있다.

본론을 구성하는 마지막 방법은 누구나 효과를 볼 수 있는 '고민 해소' 로드맵이다.

☑ '문제 제시 후 해결' 틀은 언제나 옳다

지금은 그 명성에 흠이 생겼지만, 카를로스 곤(Carlos Ghosn) 전 닛산 회장은 재임 당시 강력한 소통 방식으로 명성이 높았다. 그는 전속 연설문 작성자를 두고 있었는데 이는 일본에서는 손에 꼽을 만큼 드문 사례였다. 그중 한 명은 미국 법무장관의 연설을 담당하기도 했던 여성이다.

그는 "일본에서는 프레젠테이션이나 연설을 시시한 설교로 취급하지만, 원래 프레젠테이션이나 연설은 엔터테인먼트이다"라고 단언했다. 그러고 나서 프레젠테이션을 잘할 수 있는 비결을 이야기했는데, '흥미로운 프레젠테이션은 기본적으로 Problem-Solution Fit(문제-해결법)라는 틀을 쓴다'는 것이었다. 과제나 고민 같은 '문제'를 제기한 뒤에 그 해결법을 제시하는 기법이다.

✅ 대통령부터 판매원까지 모두가 애용하는 방법

사실 이 기법은 역대 미국 대통령들도 애용했다. 예를 들어 버락 오바마(Barack Obama) 대통령은 2009년, 취임 연설의 서두에서 "우리는 위기의 한가운데에 있습니다. 미국은 폭력 및 증오와 전쟁을 치르는 중이며 경제는 힘을 잃어 가고 있습니다. 사람들은 집과 일터를 잃었고 기업은 무너졌습니다…" 이런 식으로 문제점을 열거한 뒤, 여러 해결책을 제시했다.

이 같은 고민 해소형 로드맵은 홈쇼핑 광고에서도 즐겨 쓰는 시나리오이다.

(문제) 날씨가 추워졌죠. 손발이 차가워서 밤잠을 못 이루는 분들이 계실 겁니다.
(해결책) 그래서 오늘은 폭신폭신한 담요를 준비했습니다!

(문제) 냄비에 음식이 눌어붙어 난감했던 경험이 있을 겁니다.

(해결책) 그래서 눌어붙지 않는 냄비를 소개합니다!

'13자' + '① 왜냐하면' 또는 '② 세 가지' 또는 '③ 고민 해소' 로드맵. 이 조합만 잘 익힌다면 누구나 지금 당장 '설명의 달인'이 될 수 있다.

제**4**장

상대의 마음을
휘어잡아라!

'따라가고 싶다'는 느낌을 주는
공감받는 화법의 원칙

어떻게 사람들 마음에 다가갈지가 핵심

그저 논리적으로 설명할 줄 아는 기술만으로는 사람의 마음을 움직일 수 없다. 특히 비대면 시대에는 물리적인 거리뿐 아니라 마음의 거리까지 줄이는 소통 노하우가 매우 중요하다.

코로나19의 위협이 드높은 가운데, 리더에 대한 평가는 그들의 '전달력'에 따라 크게 갈렸다. '말을 얼마나 잘하는지'가 아니라 '어떻게 사람의 마음에 다가가 그 마음을 움직이는지'가 중요했다는 말이다.

'이 사람만 따라가면 틀림없다'는 믿음을 주는 리더들은 어떤 화법으로 공감과 신뢰를 주는지 그 비결을 배워 보자.

원칙 19

'교관형' 리더의 시대는 갔다!
지금은 '공감형' 화법의 시대

— 상대의 감정을 이해하고 다가갈 줄 알아야 한다.

일본은 코로나19 시국에 어떻게 대응했는가? 중증 환자의 증가세는 억제할 수 있었지만, 정권 지지율은 한때 큰 폭으로 떨어졌다. 사람들이 불만을 표출한 원인 중 하나는 '소통 부재'였다. 준비된 원고만 줄줄이 읽어 대는 정부 관계자의 기자회견에 답답해하고 실망한 사람이 적지 않았다.

반면 세계 각국의 리더들은 가려운 데를 제대로 긁어 주었다. "그래, 바로 저거지!" 하는 소리가 절로 나왔다. 이유는 하나. '감정의 급소'를 자극하는 화법에서 복받쳐 오르는 무언가를 느낄 수 있었기 때문이다.

✅ '공감형' 리더가 대세이다

요즘 리더에게는 그 무엇보다 '공감 능력'이 요구된다. 아무리 일을 잘해도 '갑질'한다는 소문 하나면 끝장이다. 특히 수평적인 정보 유통과 공감을 바탕으로 하는 SNS 시대에는 상대의 감정을 이해하고 다가갈 줄 아는 힘이 아주 중요하다. 다시 말해 위에서 내려다보며 일방적으로 지배하고 지시하는 '교관형' 리더가 아니라 이제는 직원들과 같은 눈높이에서 그들의 능력을 끌어내는 '공감형' 리더가 대세라는 말이다.

세계적으로 주목받는 CEO들을 보면 이런 흐름을 분명히 알 수 있다. 예를 들어 과거에는 '강력한 카리스마형'인 애플의 스티브 잡스(Steve Jobs)나 제너럴일렉트릭의 잭 웰치(Jack Welch) 같은 인물이 미국의 초일류 기업을 이끌며 한 시대를 풍미했다. 하지만 지금은 애플의 팀 쿡(Tim Cook), 마이크로소프트의 사티아 나델라(Satya Narayana Nadella) 같은 '공감형' 리더가 성공적인 CEO를 상징한다.

팀 쿡은 기회가 있을 때마다 다양성과 배려, 공감 능력의 중요성을 역설하는 온건한 인물인데, 공격적이었던 스티브 잡스와는 아주 다른 성향을 보인다.

어떻게 하면 나도 남을 위해 애쓸 수 있을까? 이것이야말로 인생에서 가장 중요하고 가장 큰 질문이다.

MIT(매사추세츠공과대학교) 졸업식 축사에서 던진 말이다. 자기중심적으로 살기 쉬운 현대인에게 '이타적인 관점으로 남을 위하는 삶'의 중요성을 호소한 것이다.

사티아 나델라는 저서에서 "내 열정의 중심에 '공감'이 자리 잡게 할 것"이라고 밝힌 바 있다. '장애가 있는 두 아이를 키우는' 경험 덕에 '공감'하는 힘이 생겼다고 한다. 그는 "공감이야말로 기업이 가장 중요하게 여기고 우선시해야 할 덕목이다"라고 말하기도 했다.

구글의 순다르 피차이(Sundar Pichai)도 '사랑받는 경영자'로 인정받는다.

"피차이는 사려 깊고 친근하다. 그는 진정한 공감을 바탕으로 답한다."(미국 뉴스 웹사이트 '더 버지(The Verge)')

"그는 조심스럽고, 타인에게 공감을 표하며, 지원을 아끼지 않는다."(미국 경제 전문지 〈포브스(Forbes)〉)

수많은 미디어가 '남의 아픔을 함께 느낄 줄 아는 그의 능력'을 높이 평가했다.

이들 외에도 일본에서는 앞서 언급한 소프트뱅크의 손정의 회장이나 시세이도의 우오타니 마사히코(魚谷雅彦) 사장, 온라인 패션 쇼핑몰 ZOZO의 창업자 마에자와 유사쿠(前澤友作) 같은 인물을 '공감력' 높은 리더로 꼽을 수 있다.

하지만 아쉽게도 반대 의미에서 기억에 남는 인물도 있다.

> ### ¤ 에피소드
>
> 기자 시절에 만난 어느 대기업 임원은 무척 거만하고 건방졌다. 무슨 이야기를 나눴는지는 기억나지 않지만, 사람을 깔보는 말투 탓에 매우 불쾌했던 순간은 뚜렷이 기억한다. 몇 년 후 명함집을 꺼내 볼 일이 있었는데 그 사람 명함에만 커다랗게 '×' 표시가….
>
> 이전에도, 그리고 이후에도 살면서 내가 명함에 '×'를 그어 놓은 사람은 그 한 사람뿐이었다. 그는 나중에 사장이 됐고 한때는 카리스마 넘치는 리더로 큰 인기를 얻었다.

　아쉽게도 심리학에서 '어둠의 3요소(Dark Triad)'라고 불리는 특징을 가진 '권력형' 인물, 즉 '마키아벨리언(권모술수에 능한 자)*', '사이코패스', '나르시시스트(자기도취자)'가 출세하기 쉬운 건 사실이다.
　그러나 카를로스 곤 전 닛산 회장처럼 권력형 리더가 조직에

---

* 마키아벨리언(Machiavellian)은 자신의 야망과 이익에 집착한 나머지, 타인과의 관계보다 권력과 금전을 우선시하는 성질을 뜻한다. 그 어떤 비도덕적인 수단이나 행위도 국익을 증대시킨다면 허용한다는 르네상스 시대의 정치사상가 마키아벨리의 《군주론》에서 유래한 말이다.

제4장 – 상대의 마음을 휘어잡아라! | 105

엄청난 타격을 입힌 사례는 일일이 열거하기도 힘들 만큼 많다. 실제로 기억 속의 그도 종국에는 회사에 거액의 손실을 초래해 경영을 난국에 빠뜨렸다.

> **원칙 20**
>
> 트럼프에게 배우는
> '상대를 기분 좋게 해 주는 화법'
>
> ─ '좋은 사람'이 아니라 '기분 좋게 해 주는 사람',
>   '난사람'이 아니라 '된 사람'

일본은 상하 관계를 중시하는 종적 사회이다. 그런 탓에 지금도 '권력형' 리더가 인기를 얻는 경향이 있다. 그중에는 수완이 뛰어난 이도 있지만, '갑질 성향의 공포정치'를 일삼는 이도 많다. 특히 권력을 잘못 생각하는 비창업자 출신 경영자가 가장 문제이다.

☑ 리더가 갖추어야 할 자질은?

흔히 리더는 '인간적인 따뜻함(Likability)'과 '능력(Competence)'을 갖추어야 한다고들 말한다.

'EQ'와 'IQ'로 바꿔 말할 수도 있지만, 앞서 지적한 대로 특히 현대 사회에서 성공하기 위해서는 '인간적인 따뜻함(EQ)'이 '능력(IQ)'보다 중요하고 영향력도 크다고 생각된다. 이를 뒷받침하는 연구 결과도 줄줄이 발표되고 있다.

그런 의미에서는 늘 폭언을 하고 인간미가 부족했던 도널드 트럼프(Donald Trump) 전 미국 대통령이 열광적인 지지를 얻었던 현상은 신기할 정도이다. 다만 한 가지 좋은 점을 찾아보자면, 그는 '좋은 사람'은 아니었지만 지지자를 '기분 좋게 만드는' 데는 천재였다는 점이다.

☑ 트럼프의 화법에서 배울 점

트럼프에게는 특별히 확고한 정치적 신념이라 할 게 없었다. 하지만 '지지자의 견해와 그들이 듣고 싶어 하는 말'을 민감하게 포착해 말로 표현하는 데는 참으로 능숙했다.

그는 '여러분은 사회적으로 소외되어 왔다'는 말로 성난 백인과 개신교 신도를 중심으로 한 보수층을 기쁘게 했고, 갈수록 더 강조했다. 그런 식으로 지지자들의 신념과 신조를 긍정하고 무조건적 찬사를 보냄으로써 인정받고 싶은 그들의 욕구를 지속해서 채워 주었다.

다시 말해 트럼프는 지지자들의 '아바타(화신)'였고, 지지자들에게는 트럼프에 대한 부정이 곧 자기 자신에 대한 부정이었다. 그래서 트럼프가 그 어떤 잘못을 저질러도 그들의 충성심은 변치 않았다. 트럼프 팀의 일원에게 '트럼프는 최고의 Empowerment & Empathy 형(힘을 주고 공감하는) 리더'였던 것이다.

☑ '좋은 사람'을 넘어 '기분을 좋게 해 주는 사람'이 되자

이 때문에 포퓰리스트(대중 영합주의자)라는 비난을 받지만, 그렇다고 해서 트럼프의 방식을 나쁜 방식이라고 무시해서는 안 된다. '성실하게 사실을 전달하는' 것만으로는 선동가에 대적할 수 없기 때문이다. 포스트코로나19 시대에는 포퓰리스트와는 180도 스타일이 다른 차세대 리더가 '힘을 주고 공감하는' 화법을 무기 삼아 사회의 과제 해결에 앞장서기를 바란다.

'좋은 사람', '난사람'을 뛰어넘어 '기분을 좋게 해 주는 사람', '된 사람'이 되자. 자신의 능력을 휘두르고 힘을 과시하는 것이 아니라 타인의 감정을 이해하고 때로는 자신의 약한 모습을 인정하는 힘을 가진 사람. 이것이 포스트코로나19 시대의 리더상(像)이다. 그들은 '공감받는 화법'을 구사하는 사람들이다.

> **원칙 21**
>
> '점쟁이 화법'과 '맞·괜·이'로
> 감정의 급소를 자극하라
>
> — '맞아', '괜찮아', '이해해'의 엄청난 효과

'공감받는 화법'의 두 가지 비결을 알아보자.

☑ 언제나 'We(우리)'라는 표현을 써라

첫째는 '상대의 감정에 공감하면서 말하기'이다. 사람은 '자신에게 호감을 표하는 사람'에게 호감을 느끼기 때문이다. 심리학에서는 이를 '호감의 상호성'이라고 부른다. 이 법칙에 따라 사람은 '자신에게 공감해 주는 사람'에게 공감하게 된다.

앤드루 쿠오모(Andrew Cuomo) 뉴욕주 주지사는 이 법칙을 잘 구사하는 사람이다.

모두가 공포를 느낍니다. 우리 모두 겁을 내고 있어요.
(중략) 하지만 계속되지는 않을 겁니다. 우리는 분명 이겨 낼 겁니다.
우리는 같은 전쟁을 치르고 있습니다.
우리는 모두 지금 같은 참호 속에 있는 것입니다.

쿠오모 주지사는 매일 기자회견을 열고 코로나19 시국에 불안과 공포에 떠는 사람들 곁으로 바짝 다가가 공감하고 용기를 북돋웠다. 언제나 'We(우리)'라는 표현을 써서 뉴요커의 연대를 부르짖은 것이다. 애정을 듬뿍 담아 말하는 그의 모습은 '식탁에서 가족을 격려하는 아버지의 모습'으로 표현됐다.

'지구상에서 가장 유능한 지도자'로 불리는 여성 리더도 있다. 뉴질랜드의 저신다 아던(Jacinda Ardern) 총리는 대표적인 '공감형' 리더이다.

아던 총리는 기자회견이나 SNS에서 고독과 불안에 빠진 국민을 끊임없이 격려하며 코로나19 시국에 눈부신 수완을 발휘했다. 밤중에 집에서 스웨터 차림으로 국민에게 말을 걸고 어린이를 위한 메시지를 내놓는 등 철두철미하게 국민 한 사람, 한 사람 곁으로 다가가 부드럽게 그들을 안아 주었다.

첫째, 여러분은 혼자가 아닙니다. 여러분께서는 우리가 이 나라를 어떻게 이끄는지를 매일 보고 듣게 될 것입니다. 우리는 지금 완벽하지는 않지만, 기본적으로 옳은 일을 하고 있습니다.

필자도 업무상 아던 총리를 만난 적이 있다. 거만한 데라고는 찾아볼 수 없이 내내 미소를 지어 주던 친근함, 넘치는 에너지가 대단히 인상적이었다. 자연스럽게 굴곡진 머리칼에 핀 힐, 부드러운 립스틱 색상 등 '여성스러움을 전면에 내세운' 외관에서 전략적인 면모도 느낄 수 있었다.

✅ 듣는 이의 감정을 헤아리고 대변하기

"네 심정 이해해."
"불안하지? 그런데 괜찮아."

상대의 감정을 헤아리고 대변해야 한다. 그러면 상대는 '저 사람이 내 고민과 감정을 이해해 주고 알아맞혔다'고 생각하게 된다. 그리고 어느새 당신을 믿어 버리는, 흡사 '점쟁이' 같은 효과를 내게 된다. 필자는 이를 '점쟁이 화법'이라고 부른다. 앞서 소개한 두 사람도 이 '점쟁이 화법'을 구사해 대중의 마음을 사로잡은 사람들이다.

☑ '맞·괜·이'를 입버릇처럼

"말이 쉽지, 상대의 감정을 그리 쉽게 읽을 수 있나요?"라고 반박하는 경영자들에게 필자는 조언한다.

- "맞아."
- "괜찮아." (또는 "괜찮아?")
- "이해해."

이 세 문장의 머리글자를 딴 '맞·괜·이'를 입버릇처럼 쓰라고 말이다. 이것만으로도 상대에게 '저 사람이 내게 다가와 줬다', '저 사람이 나를 이해해 줬다'는 인상을 줄 수 있다.

'맞·괜·이' 화법을 구사하면 "그거 아니야!", "틀렸어!"라고 하던 상대도 순식간에 "그래, 맞아", "좋아, 좋아"라고 반응해 줄 것이다.

> **원칙 22**
>
> ## '마음속 경보 장치'를 울려 공감을 얻어라
>
> — '무섭다' × '용납할 수 없다' × '재미있다'를 활용한 트럼프

'공감받는 화법'의 둘째 비결은 상대의 감정을 자극해 말하는 이와 듣는 이 사이에 공감대를 만드는 것이다.

☑ '감정 폭탄'을 터뜨려 일체감을 조성한 트럼프

'공감 왕' 트럼프의 화법을 떠올려 보자.

"멕시코 불법 이민자들은 강간범이나 마찬가지이다."
"바이든은 사회주의의 트로이 목마이다."

그는 중국과 불법 이민, WHO, 민주당 등 '공통의 적'을 만들어 매도함으로써 지지자들 사이에 '분노'와 '공포'라는 부정적 감정을 심고 공유하게 했다. 그렇게 해서 연대감을 불러일으키고 적을 이기는 쾌감을 느끼게 했다. 적을 무시하고 깎아내림으로써 대중의 르상티망(ressentiment)*을 자극하고 속이 후련하게 만든 것이다. 지지자들은 이를 재미있고 통쾌하게 느꼈다.

'무섭다', '용납할 수 없다', '재미있다'라는 세 가지 요소를 절묘하게 섞어 구사한 것이 트럼프식 화법의 특징 중 하나라고 할 수 있다. 줄줄이 '감정 폭탄'을 발사해 지지자들의 감정을 자극한 다음, 신앙과도 같은 일체감과 충성심 끌어내기. 그야말로 독재자가 애용하는 수법이다. 대중은 눈 깜짝할 사이에 그 소용돌이에 휘말리고 만다.

✅ 사람은 '감정의 노예'

사람은 하루에 3만 5,000번이나 결단을 내린다고 한다. 그런데 합리성이나 논리와는 거리가 먼 직감에 따른 결단이 압도적 우위를 차지한다고 한다.

---

* 니체가 사용한 철학, 심리학 용어. 약자가 강자에게 느끼는 복수심, 원한 및 그로 인한 우울함이 마음속에 쌓인 상태를 이른다.

노벨경제학상 수상자인 대니얼 카너먼(Daniel Kahneman)*도 "인간의 뇌 안에는 '빠르게 직감적으로 사물을 판단하는 시스템 I'과 '느리게 합리적으로 판단하는 시스템 II'가 있는데 사람은 시스템 I에 의존한 직감적 판단을 하기 쉽다"라고 결론 내린 바 있다.

감정을 관장하는 머릿속 부위에 장애가 생기면 결단을 내릴 수 없다는 실험 결과도 있다. 사람은 '감정의 노예'라는 말이다. 그러므로 아무리 증거와 데이터를 갖추고 논리 구조를 촘촘히 쌓아 올려도 '감정'을 움직이지 못하면 상대를 설득할 수 없고 공감을 얻지 못한다는 사실을 기억해야 한다.

☑ 사람은 '마음의 경보 장치'가 울릴 때 움직인다

장기적으로 볼 때 코로나19보다 지구온난화의 피해가 더 크다고 한다. 하지만 아무리 데이터를 제시해도 인과 관계가 잘 드러나지 않는 탓인지 사람들은 대부분 감정의 변화를 느끼지 못한다.

그러다가 문제가 자기 주위에서 일어나고 자신에게 직접적으로 피해가 미치면 그제야 시끄럽게 울리는 '마음의 경보' 소리를 듣고 행동하기 시작한다. '공포'를 직면하면, 자기 생명을 지키기 위해서

---

* 1934~현재. 미국의 경제학자. 프린스턴대학교(Princeton University) 명예교수. 인지심리학을 경제학에 접목한 공로로 2002년 노벨경제학상을 수상했다.

'Fight, Flight, Freeze(투쟁, 도피, 경직)'*라는 본능적 생체 반응을 일으키게 되어 있는 것이다.

트럼프가 '공포'와 '분노'를 부채질한 이유는 그러한 감정이 강력한 행동을 끌어내고 동기를 부여하는 계기가 된다는 사실을 잘 알고 있었기 때문이다.

---

* 인간의 뇌에서 동기와 정서를 주로 담당하는 영역인 변연계(邊緣系)는 고통과 위협에 대응할 때 즉각적으로 3F라 불리는 자동화 반응을 취한다고 알려져 있다. 3F는 투쟁(Fight), 도피(Flight), 동결(Freeze)을 가리킨다. '투쟁(Fight)'은 부정적인 감정을 억압하고 꾹꾹 눌러 참는 것, '도피(Flight)'는 다른 감정이나 생각에 몰입함으로써 부정적인 감정을 회피하는 것, '동결(Freeze)'은 부정적인 감정에 휘말려서 의식적인 마음을 놓치는 것이다.

> **원칙 23**
>
> '아하! 법칙'으로
> 감정을 전염시켜라
>
> — 내 말에 상대가 'ㅇ', 'ㅎ'으로 시작하는 감탄사를 뱉고 있는가?

자신이 현재 공감받는 화법을 구사하고 있는지 쉽게 확인할 방법이 있다.

☑ 감정은 '전염'된다

'사람은 감정의 노예'라고 말했는데, 또 하나 중요한 점을 지적하려 한다. 감정은 논리와는 달리 '전염'된다는 점이다.

'분노', '환희', '공포' 등 강력한 감정을 일으키는 정보에는 폭발적인 전염력이 있다. '입소문'이나 '댓글 폭발' 현상이 발생하는 것도 그 때문이다. 말하는 이의 감정을 자극하는 사건이 일어나면 논리도 힘을 못 쓰게 마련이다. 만약 논리가 사람을 움직였다면 그것은 그 논리가 상대의 감정을 상기시켰기 때문이다.

☑ 상대가 'ㅇ', 'ㅎ'으로 시작하는 감탄사를 뱉는가?

내 말에 상대의 마음이 얼마나 움직였는지, 얼마나 공감했는지를 확인하는 쉬운 방법이 있다. 바로 '아하! 법칙'이다. 듣는 이가 'ㅇ', 'ㅎ'으로 시작하는 감탄사를 얼마나 뱉는지 따져 보면 된다.

상대는 내 이야기에 'ㅇ', 'ㅎ'으로 시작하는 감탄사를 얼마나 내뱉는가?

'ㅇ' 으로 시작: 아하! 와! 응, 응. 앗! 야호!
알아차림 칭찬 수긍 놀람 기쁨

'ㅎ' 으로 시작: 허, 참! 헉! 후유! 허허, 그것참…. 호오!
어이없음 공포 혐오 실망 의외성 감탄

정리한 내용을 보니 어떤 느낌이 드는가? 혹시 '나와 이야기하는 사람은 저런 감탄사가 안 나오던데…' 하는 생각이 든다면 이야기에 조금 더 '감정' 양념을 쳐 보는 게 어떨까?

> **원칙 24**
>
> ## '스토리' 마법으로 상대의 마음을 꼼짝 못 하게 묶어라
>
> — 세계적인 리더는 모두 일류 '스토리텔러'이다.

 감정의 화학반응을 일으키는 데 가장 효과적인 방법은 '스토리'를 이용하는 것이다. 왜냐하면 사람은 지루한 '논리'보다 '스토리'에 공감하는 동물이기 때문이다.

☑ 내가 만난 가장 강렬한 '스토리텔러'

 지위가 높은 사람들은 시시한 경영론이나 추상적인 이야기 늘어놓기를 좋아한다. 사실 일류 리더일수록 '스토리'를 잘 구사한다.
 필자가 만나 본 경영자 중에서 가장 강렬한 인상을 남긴 이는 누가 뭐라 해도 일본전산(Nidec)의 나가모리 시게노부(永守重信) 회장이다.

일단 나가모리 시게노부 회장은 엄청난 '기운'을 뿜어내는 사람이었다. 그리고 교토(京都) 사투리로 들려주는 이야기가 '너무나도 재미났다.' 지금도 나는 그의 유소년 시절 이야기를 선명하게 기억한다. "가난해서 제대로 먹지도 못하는 시절이었다. 어느 날, 친구 집에 갔는데 본 적도 없는 음식을 내왔다. 스테이크와 치즈케이크라는 음식이었다. 충격을 받을 만큼 너무나도 맛있어서 '이렇게 맛있는 음식이 세상에 있을 수 있나?' 하면서 놀랐다. 그래서 아버지가 뭐 하시느냐고 물었더니 '사장'이라고 했다. 그래서 나도 사장이 되어야겠다고 생각했다."

쉬지 않고 쏟아 내는 스토리의 임팩트가 어찌나 강했는지, 20년 가까이 흐른 지금도 그때 그의 표정이 그대로 떠오를 정도이다. 나가모리 시게노부 회장과는 훗날 업무상 몇 번 더 만났는데, 만날 때마다 주변의 공기를 완전히 바꿔 놓는다고 느낄 만큼 기백과 에너지가 대단한 인물이었다.

☑ 해외 초일류 '스토리텔러'의 실례

손정의 회장도 고생했던 어린 시절과 창업 당시 이야기를 자주 하는 편이다. 세계적으로 뛰어난 리더들을 살펴보면 진짜 유능한 사람들은 모두 일류 '스토리텔러'이다.

먼저 구글의 CEO 순다르 피차이. 싫어하는 사원이 한 명도 없다고 할 만큼 공감형 리더인 그는 2020년 졸업식 축사로 보낸 영상 연설에서 '희망을 품자'고 당부하면서 인도의 가난한 가정에서 태어나 자란 이야기를 들려주어 듣는 이의 가슴을 울렸다.

"열 살 때까지 전화기도 없었고, 대학원에 들어갈 때까지 컴퓨터를 제대로 쓸 줄도 몰랐다. 아버지는 내 스탠퍼드대학교(Stanford University) 대학원 유학비로 일 년 치 수입의 반을 썼다. 나는 그때 처음 비행기를 탔다. 미국 생활은 고생의 연속이었다. 배낭 하나 값이 아버지 한 달 수입과 같았다."

아마존의 제프 베이조스는 2020년 7월 미국 하원 공청회에 출석해 이렇게 연설을 시작했다.

"어머니는 뉴멕시코주 앨버커키(Albuquerque)에서 고등학교에 다니다가 나를 낳았습니다. 고등학생의 임신을 환영하는 사람은 아무도 없었습니다. 어머니는 야간 수업을 들었는데, '아이를 데리고 와도 좋다'는 선생님의 수업에 짐 가방 두 개를 들고 출석했습니다. 한쪽에는 교과서를, 또 한쪽에는 기저귀와 젖병을 넣어 다닌 것이었습니다."

그런 다음, 쿠바에서 이주해 와 네 살 된 제프 베이조스를 양자로 들인 계부의 이야기를 했고, 구글을 세계 최고의 기업으로 키운 장대한 이야기를 의원들 앞에 펼쳐 놓았다.

고생과 실패, 좌절을 거치며 성공을 일구어 낸 Rag-to-Riches(인생 역전)의 출세기는 동서고금을 막론하고 만인의 가슴을 울리는 법이다.

✅ 금붕어보다 짧은, 사람의 집중 시간

우리는 딱딱한 강의 시간에는 오래 앉아 있기 힘들지만, 재미있는 영화나 드라마를 볼 때는 지치지도 않고 한자리를 내내 지키게 된다.

영화나 드라마가 다루는 휴먼 스토리는 사람의 두뇌를 자극하고 호르몬을 분비시킨다. 신경을 흥분시키는 아드레날린이나 편안함을 느끼게 해 주는 옥시토신 같은 호르몬이 활발히 분비되면 감정이 자극을 받아 사람은 그 스토리에 빠져 꼼짝 않고 사로잡히는 것이다. 조마조마하고 두근대는 느낌을 공유하면 사람 간 거리가 줄어든다는 '흔들다리 효과'도 얻을 수 있다.

사람의 집중 시간은 금붕어보다 짧다는 이야기가 있다. 몇 초 들어 보다가 시시하다 싶으면 더는 들으려 하지 않는 게 일반적인 사람의 심리이다. 비대면과 SNS가 일상적인 시대에는 그런 경향이 점점 강해질 것이다. 재미없는 이야기를 쉬지 않고 쏟아붓는 사람은 '시간 도둑'일 뿐이다.

    스토리에는 듣는 이의 뇌를 해킹하는 효과가 있다. 그래서 세계적으로 손꼽히는 리더들이 '스토리' 만들기에 열의를 쏟는 것이다.

> **원칙 25**
>
> ## 'Before', 'After', '교훈'을 넣은 '30초 스토리'를 만들어 보라
>
> ― '간단한 방정식'으로 만들어 내는 최강의 콘텐츠

'스토리'는 누구에게나 있다

2020년 9월에 취임한 스가 요시히데(菅義偉) 일본 총리는 입만 열었다 하면 "나는 아키타(秋田)의 농부 집에서 태어나…"라고 하면서 '흙수저 출신'임을 강조한다. 사람들이 그런 스토리에 쉽게 공감한다는 사실을 알기 때문일 것이다.

'나는 심하게 고생한 적도 없고 크게 성공한 것도 아니니 딱히 스토리라 할 만한 게 없다'고 생각하는 사람이 있을지도 모르겠다. 하지만 사람은 누구나 '자신만의 스토리'를 가지고 있다.

개인만 그런 것이 아니다. 기업도 마찬가지이다. 창업 초기의

고난, 개발 비화 등 만들려고 마음만 먹으면 재미있는 이야기는 무궁무진하다.

> ¤ **에피소드**
>
> 한때 모 제조사 사장에게 해외용 연설 작성을 의뢰받은 적이 있다.
>
> 경영 혁신으로 기적적인 부활을 이룬 스토리를 쓰기로 계획을 짰는데, 단순한 데이터 나열만으로는 듣는 이의 마음을 사로잡기 어렵겠다는 생각이 들었다.
>
> 그래서 "우리 회사는 '(유명 소설의 주인공인) ○○ 같다'는 이야기를 듣는다네"라고 하던 사장의 말을 힌트 삼아 '기업을 그 소설 주인공에 비유해서 스토리를 짜 보면 어떻겠느냐?'고 제안했다.
>
> 어려움을 극복하면서 새로운 자기 모습을 알아차리게 된 주인공에 비유한 스토리는 줄거리도 이색적이었지만, 사장의 탁월한 퍼포먼스가 더해지면서 아주 멋진 연설로 재탄생했다. 그 덕분에 청중이 가장 큰 환호를 보낸 연설이었다는 평가도 받았다.

한자어와 외국어로 가득 채운 콘셉트, 추상적인 이야기, 사실과 데이터만 줄줄이 나열하는 이야기는 불과 몇 '초' 사이에 잊히고 만다는 것을 기억하자.

✅ '30초 이내에 끝낼 수 있는 스토리'를 만들자

스토리의 힘은 무한대이다. 하지만 비즈니스 현장에서 자기 스토리를 길게 펼쳐 놓기가 창피하다는 사람도 많은 것 같다. 그런 경우는 우선 '30초 이내에 끝낼 수 있는 스토리'부터 시작하기 바란다.

스토리에는 세 가지 요소가 필요하다. 'Before'와 'After' 그리고 '교훈'이다.

Before 따돌림당하는 불행한 여자아이
After 공주님
교훈 용기를 내면 행운을 얻을 수 있다(신데렐라).

Before 전쟁, 투쟁
After 평화
교훈 힘을 모아 싸우면 해피엔딩(대부분의 액션 영화)

이를 개인이 활용하기 위해 간단한 방정식에 대입하면 다음과 같이 된다.

Before 사실 저는 ○○였어요.
After ○○를 해서 이렇게 변했죠.
교훈 ○○라는 사실을 배웠어요.

참고로 필자의 스토리는 이런 식이다.

Before

사실 저는 엄청난 부끄럼쟁이였어요. 모르는 사람과 이야기를 나누거나 남들 앞에서 이야기하는 게 아주 서툴렀죠. 그래서 뉴욕 브로드웨이의 액팅스쿨을 다녔어요.

After

처음에는 너무 불편해서 도중에 몇 번이나 그만둘 뻔했어요. 그런데 끝없이 연습하고 역할에 몰입했더니 남의 시선에 아랑곳하지 않게 되었어요. 갑자기 말이에요.

교훈

'창피하다는 감정'도 한계치를 넘으면 마비되더군요. 결국은 '익숙해지는' 게 중요하다는 교훈을 얻었어요.

뚱뚱한 사람이 날씬해지고, 촌스러웠던 사람이 세련된 모습으로 바뀌는 등 'Before+After+교훈'으로 이루어진 스토리는 누구나 끝까지 들어 보고 싶어 한다. 그러니 여러분도 꼭 '인생의 변화와 변신 스토리'라는 최강 콘텐츠를 발굴해 보기 바란다.

어느새
'상대가 움직인다'!

능력자가 구사하는 '이모로지컬'한 설득의 원칙

'이모로지컬한 화법'으로 설득력을 키우자

 제3장에서는 논리적인(logical) 말하기 비법, 제4장에서는 감정을 건드리는(emotional) 말하기 비법에 관해 언급했다. 그런데 세계적인 리더들은 이 두 가지가 절묘하게 조화를 이루도록 균형감 있게 조합함으로써 '설득력 있게' 이야기한다. 단순한 '설명'에서 마음을 움직이는 '설득'으로 발전시키려면 '말의 힘'을 한층 강화할 필요가 있다. 사실 말을 할 때 딱 한마디만 잘 바꾸고 덧붙여도 그 힘이 폭발적으로 커져서 타인의 감정을 쉽게 '움직일' 수 있다.
 제5장에서는 '논리'와 '감정'을 동시에 이용해 힘들이지 않고 타인을 움직이는 '이모로지컬(emo-logical)'한 설득 비법을 소개한다.

> **원칙 26**
>
> '오감을 자극하는 말'로
> 상대에게 '그림을 보여 줘라'
>
> ─ '상황과 광경이 떠오르지 않는 이야기'는 그만!

흔히 경영자들은 기업 안팎에서 기회가 주어질 때 이렇게 이야기한다.

자, 지금 일본(세계) 경제는…

[경제·정치·경영 환경 등에 관한 해설. '글로벌', '디지털', '불투명', '진화', '변화', '뉴노멀', '포스트코로나19' 등과 같은 표현을 자주 씀]

그런 가운데 우리 회사는 / 우리 부서에서는…

[기업의 경영 이념, 연혁, 경영 계획 등]

이런 상황에서 여러분은…

[각오 및 평소 업무를 대하는 자세, 기대하는 행동 등. '혁신', '변혁', '위기를 기회로' 같은 표현이 으레 등장]

어느 기업에서나 '빠짐없이 들을 수 있는' 이야기이다. 기억에 남지도 않고 인상적이지도 않은, 그야말로 '쓸데없는 이야기' 아닌가? 시간 낭비, 사기 저하, 기회비용까지 고려하면 막대한 경제적 손실이다.

☑ 상대에게 '그림을 보여 주듯' 말하라

'의욕', '구조개혁', '혁신'….

이런 '쓸데없는 이야기'의 특징은 감정을 움직일 수 없는 사실 및 추상적인 표현으로 가득 차 있다는 점과 머릿속에 전혀 '그림'이 떠오르지 않는다는 점이다.

예를 들어 설명하자. 다음 중 어느 쪽이 머릿속에 선명하게 이미지가 떠오르는가?

A: 그 아이는 가장 친한 친구였어요.

B: 그 아이는 초등학교 1학년 때 첫 짝꿍이었어요. 바가지 머리에 눈이 동그랬죠. 웃을 때면 무슨 짓궂은 장난이라도 치다가 들킨 것처럼 옥수수알처럼 가지런한 이를 드러내며 킥킥거리는 모습이 인상적이었어요.

제3장에서 '햄버거 화법'을 언급했는데, 그것과 함께 미국 초등학생들이 배우는 소통의 가장 중요한 원칙은 'Show, don't tell(말하지 말고 보여 줘라)'이다. 상대에게 '그림을 보여 주듯이' 말하라는 뜻이다.

예를 들면 'say(말하다)', 'go(가다)' 같은, '상황과 광경이 떠오르지 않는 표현'만 쓰면 안 되고 그 대신 'mutter(중얼중얼 투덜대다)', 'scurry(종종걸음을 치다)' 같은 'descriptive(상황을 묘사하는) 표현'을 쓰도록 철저히 가르친다.

'angry(화난)', 'young(젊은)' 같은 표현조차 다른 표현으로 바꾸라고 지도받는다. '젊다'는 말은 초등학생인지 대학생인지, 얼굴이며 다른 것은 어떤지 아무것도 떠오르지 않으니까 말이다.

✅ 스티브 잡스, 다카다 아키라의 화법에서 배울 점

스티브 잡스는 그 유명한 스탠퍼드대학교 연설에서 '가난했다'

는 상황을 이렇게 표현했다.

"나는 (대학) 기숙사 방도 없어서 친구 집 방바닥에서 잤습니다. 밥을 사 먹기 위해 코카콜라 병을 가게에 가져다주고 5센트씩 받아 모은 적도 있습니다. 따뜻한 음식을 얻어먹으려고 매주 일요일에는 11km나 떨어진 크리슈나 사원까지 걸어가곤 했습니다."

친구 집 방바닥, 코카콜라 병, 매주 일요일…. 상세한 묘사가 그의 이야기를 그림연극처럼 눈에 보이는 형태로 만들어 준다.

홈쇼핑 업체인 자파넷타카타(Japanet Takata)의 창업자 다카다 아키라(高田明) 씨도 이 방면에서 달인이다. 상품의 특징을 설명하는 데 그치지 않고 그 상품이 어떤 상황에 도움이 되는지 장면을 보여 주는 것이다. 이런 식이다.

"손자 손녀의 운동회 광경을 녹화할 수 있습니다. 스마트폰을 활용하면 멀리 떨어져 사는 손자 손녀가 자라는 모습도 매일 볼 수 있습니다."

이 외에도 보여 주는 화법을 응용할 방법은 많다. 식당 메뉴에 이런 음식이 있다면 어떨까?

• 쇼도시마(小豆島) 특산물 '올리브 소'로 만든, 육즙 터지는 푸짐한 특제 햄버그스테이크

• 프랑스산 최고급 트러플 오일로 구운 파삭파삭한 프라이드 포테이토

희소가치와 식감, 냄새, 외관 등을 묘사해 오감을 자극했다. 상대의 마음을 움직이고 싶다면 '보여 주고', '느끼게 하는' 표현을 짜내야 한다.

원칙 27

유능한 리더는 '숫자의 마술사' '숫자로 정확하게 짚어' 임팩트 있게

— '똑떨어지는 숫자'를 써야 이야기에 약동감이 생긴다.

숫자도 잘만 쓰면 '보여 주고' '느끼게' 할 수 있다. 코로나19 시국에 세계는 그날그날의 감염자 수에 일희일비하고 있다. 그런데 같은 200명이라도 전날의 숫자에 따라 200이라는 숫자가 주는 느낌은 전혀 다르다.

내내 같은 정도가 유지되면 감각이 약해져서 놀라지도 않는다. 이처럼 숫자는 절대적일 것 같지만, 사실은 지극히 '상대적'이어서 어떻게 보여 주느냐에 따라 아주 쉽게 이미지를 조작할 수 있다.

중국 알리바바의 창업자 마윈은 이런 식으로 말한다.

"대학 졸업 후, 서른 군데에 입사 지원을 했지만, 다 떨어졌습니다. KFC가 중국에 진출했을 때, 스물네 명 중 스물세 명이 합격했는데 저 하나만 떨어졌죠. 경찰관 모집에서도 다섯 명이 응모해서 네 명이 합격했는데 저만 떨어졌습니다. 하버드대학교에도 열 번 도전해서 결국 다 떨어졌습니다."

'여러 번', '몇 번이냐'라고 하지 않고 굳이 세세한 숫자를 넣음으로써 포기하지 않고 끈질기게 도전했다는 인상을 훨씬 선명하게 남기는 것이다.

☑ '대략적인 숫자'가 아니라 '똑떨어지는 숫자'를 써라

숫자를 이용하면 이야기에 약동감이 생기고 설득력이 커진다.

× 우리 회사는 다양한 사업을 펼치고 있습니다.
○ 스포츠클럽, 레스토랑 등 건강 증진에 관해 33개 사업을 펼치고 있습니다.

× 대단히 많은 고객 기업이 사용 중입니다.
○ 98개국 1만 2,356개 기업이 사용하고 있으며 글로벌 시장 점유율은 61%에 달합니다.

× 매출이 대폭 상승했습니다.
○ 매출은 전년 대비 98%, 거의 두 배로 뛰어올랐습니다.

'대략' 눙치지 말고 '똑떨어지는 정확한 숫자'로 크기를 강조하고 선명한 이미지를 주자. 중요한 지점에서 숫자를 척척 제시하면 '유능한 사람'이라는 인상을 줄 수 있다. 그래서 최고의 리더는 '숫자의 마술사'인 것이다.

> **원칙 28**
>
> ## 숫자는 '상대적'인 느낌을 주어 의미를 부여한다
>
> ― 숫자, 딱딱해 보여도 알고 보면 '정서적'이다.

'설득의 도구'로 숫자를 쓸 때는 숫자 그 자체보다 그 숫자의 희소성과 변화 정도, 급이 다른 규모 등을 제시해 감정을 움직이게 하는 것이 관건이다. 그러려면 그저 막연한 숫자 하나를 던져서는 안 된다.

- 변화율 – 30배, 90% 감소
- 모두 잘 아는 숫자와 비교 – 도쿄돔 ○개 크기, 일본 인구의 80% 등

이렇게 '상대적'으로 제시함으로써 '진짜 많다', '엄청나게 늘었

다 같이 그 숫자의 '의미'를 보여 주어야 한다.

✔ 숫자에는 '정서적인 힘'이 있다

A : 최초 1개월의 생존율은 89%
B : 최초 1개월의 사망률은 11%
A : 일본 인구의 0.01%가 걸리는 질환
B : 1만 2,000명이 걸리는 질환

A와 B는 동일한 정보이다. 하지만 A보다 B가 많아 보이지 않는가? 손실과 리스크가 더 심각하게 느껴지게 할 수 있다는 것이다. 또 같은 숫자라도 퍼센티지를 쓰는지 총수를 쓰는지에 따라 전혀 다른 이미지를 줄 수 있다. 숫자는 딱딱해 보이지만, 실은 아주 '정서적'이라는 말이다.

> **원칙 29**
>
> ## '백만 명보다 한 명의 얼굴' 법칙으로 말하는 대상을 한 단계 압축하라
>
> — 진짜 우수한 사람은 '듣는 힘'이 남다르다.

미국에 엄청난 폭풍을 몰고 온 조지 플로이드(George Perry Floyd) 사건*을 살펴보자. 단 한 사람의 죽음이 커다란 사회적 움직임을 일으켰다.

또 시리아 난민 문제는 그 심각성에 비해 여론이 그다지 들끓지 않았다. 그러나 해변에서 발견된 세 살짜리 남자아이의 시체 사진 한 장은 전 세계의 분노를 자아냈다. 수백만 명의 고난보다 단

---

* 2020년 5월 25일 미국 미네소타주 미니애폴리스(Minneapolis)에서 경찰의 과잉 진압으로 비무장 상태의 흑인 남성 조지 플로이드가 질식사한 사건을 말한다. 의식을 잃은 플로이드는 병원으로 이송됐으나 사건 당일 밤 사망했으며, 이에 미국 전역에서 인종차별에 항의하는 시위가 확산되었다.

한 사람의 비극이 사람들의 마음을 움직이는 것이다.

펜실베이니아대학교 와튼 경영대학원(Wharton School of the University of Pennsylvania)의 교수들이 연구한 바에 따르면 '아프리카 말라위에서 식량 부족으로 고통받는 어린이 300만 명을 위해'라는 말보다 '말리의 일곱 살 소녀 로키아를 위해'라는 말에 더 많은 모금액이 모였다고 한다.

학술적으로는 '특정할 수 있는 생명'과 '통계적 생명'의 차이라고 설명할 수 있다. 소련의 독재자 스탈린(Joseph Stalin)은 이렇게 말했다.

"한 명의 죽음은 비극이지만, 수백만 명의 죽음은 통계상 수치에 불과하다."

요컨대 얼굴이 보이는지 보이지 않는지에 따라 사람의 상상력과 공감에 큰 차이가 난다는 말이다.

✅ 말하는 대상과 내용의 범위를 한 단계 압축하라

이러한 '백만 명보다 한 명의 얼굴' 법칙은 평소 소통에도 응용할 수 있다.

말하는 대상과 내용의 범위를 한 단계 좁히고 압축하는 것이다.

× A사는 스낵 과자를 제조한다.
○ A사는 모두가 다 아는 유명한 과자 ○○을 제조한다.

× 사원 여러분, ○○하십시오.
○ ○○사업부 여러분, ○○하십시오.
○○사업부 여러분은 ○○를 목표로 잡으세요.

× 운동하기
○ 허릿살 빼는 운동, 엉덩이 운동, 이두박근 강화 운동 하기

× 그는 가정적인 사람이다.
○ 그는 매일 아침 다섯 시 반에 일어나서 네 식구의 도시락을 싼다. 스무 가지 채소가 골고루 들어가도록 해서 균형 잡힌 영양을 신경 쓸 뿐 아니라 도시락 가방도 직접 만들었다.

- 수백 명이 아니라 한 명
- 회사 전체가 아니라 부서나 사원
- 몸 전체가 아니라 특정 부위
- 그 사람 전체가 아니라 성격을 나타내는 상징적인 상황이나 일화
- 상품 전체가 아니라 추천하는 한 품목

시간과 장소, 사람 등 그 무엇이든 압축할수록 이미지가 잘 떠오르고 설득력이 커진다는 사실을 기억하자.

✅ 효과적인 '자기소개법'

이 방법은 자기소개 등에도 응용할 수 있다.

'한번 집중하면 파고드는 성격입니다'와 '사과 껍질 길게 깎는 데 빠져서 8m까지 길게 깎은 적이 있습니다'.

'○○사업부, ○○사업부를 거쳐 지금은 ○○부 과장입니다'와 '저는 인생을 초전도 연구에 바쳐 왔습니다'.

두 가지 사례 모두 후자의 인상이 강하다.

¤ 에피소드

카리스마 넘치는 어느 기업 대표가 입사식에서 할 연설을 도와 달라고 했다.

앞으로 힘든 일도 있겠지요. 하지만 포기하지 마십시오.

처음 사장의 메시지는 이렇게 평범하고 진부한 느낌이었다.

그래서 필자는 "상황이 더 잘 떠오르도록 신입사원이 경험하는 좌절과 고뇌를 묘사해 보십시오"라고 주문했다. 그랬더니 이렇게 바뀌었다.

열심히 해도 업무가 익숙해지지 않아서 남몰래 눈물을 훔칠 수도 있습니다….

이렇게 그들이 겪게 될지도 모를 광경을 눈앞에 펼쳐 보이듯 문구를 수정했다. 필자는 나중에 '도와준 덕분에 연설이 아주 좋았다는 호평이 자자했다'는 인사를 받았다.

☑ '영사기처럼 말하는' 투영 화법

구글의 CEO 제프 베이조스는 말할 때 스토리를 자주 들려주는데, '묘사'에도 아주 능하다.

"사건은 어느 여름날, 여행지에서 일어났습니다. 그때 열 살쯤 된 저는 뒷좌석에 앉아 있었고 할아버지가 운전하셨습니다…"

프린스턴대학교 졸업식에서 그는 어린 시절의 추억을 들려주었다. 담배를 피우는 할머니에게 담배가 얼마나 나쁜지를 지적했더니 할머니가 우셨고, 그때 할아버지가 자신에게 '똑똑해지기보다 다정해지기가 훨씬 어렵다'고 말씀해 주셨다는 이야기였다.

　인생의 한 장면을 잘라 내서 마치 영사기를 돌리듯 듣는 이의 머릿속에 비춰 주기. 옛날이야기를 들어 보면 큰 욕심을 부리는 사람보다 작은 것에 만족하는 사람이 더 잘 산다. 욕심부리지 말고 아주 작은 장면부터 시작해 보기를 권한다.

원칙 30

장르를 뛰어넘어 '낯선 말'로 비유하라

— 비유의 달인에게 배우는 '강력한 언어 무기' 사용법

우리는 상대를 설득할 때, 어려운 내용을 잘 알려진 무언가에 빗대어 표현하는 '은유, 비유'를 자주 활용한다. 고대 그리스 철학자 아리스토텔레스(Aristoteles)도 메타포(은유)의 중요성을 역설했다.

하나의 '은유'가 사람의 생각을 크게 좌지우지하기도 한다. 스탠퍼드대학교의 연구에 따르면 범죄를 '바이러스'에 빗댔을 때는 갱생을 중시한 해결책이 필요하다고 생각하고, '짐승'에 빗댔을 때는 징벌적인 해결책이 필요하다고 생각하는 사람이 많았다고 한다.

또 예를 들어 '아기 피부 같은'이라는 비유를 접하면 실제로 아기 피부를 만졌을 때와 같은 구체적인 감각을 듣는 이의 머릿속에 불러일으킨다는 연구도 있다. 비유가 뇌를 순간적으로 자극하는

'설득을 위한 최강의 무기'라는 것이다.

✅ 비유의 달인에게 배우기 – 손정의, 나가모리 시게노부, 고이케 유리코

필자가 만난 경영자 중 '비유의 달인'을 꼽으라면 필자는 주저 없이 소프트뱅크의 손정의 회장과 일본전산의 나가모리 시게노부 회장을 꼽을 것이다.

이 두 사람은 어떤 이야기를 해도 적절한 비유를 쏟아 놓는다.

— 손정의 회장

"두부를 잇초, 니초('한 모, 두 모'의 일본어 발음) 헤아리듯이 매출도 잇초, 니초('1조, 2조'의 일본어 발음) 헤아리도록."

"코로나 계곡에 유니콘(소프트뱅크가 투자하던 기업가치 10억 달러 이상인 벤처기업)이 줄줄이 처박히고 있다."

— 나가모리 시게노부 회장

"옥로(고급 차) 찌꺼기보다는 질 좋은 반차(저렴한 엽차)가 낫다."

"사장은 태양이 되어야 한다."

유니클로의 야나이 다다시(柳井正) 사장과 함께 '허풍선이 삼총

사'로 불리는 두 사람이지만, 야나이 다다시 사장은 훨씬 직구에 가깝게 말하기에 소통 방식이 이들과는 전혀 다르다. 이 두 사람이 숨 쉬듯 비유를 연발하는 것은 '가장 알기 쉽게 전달하겠다'는 열의가 반영된 것이라고 할 수 있다.

고이케 유리코(小池百合子) 도쿄도지사도 비유를 잘하기로 유명한 사람 중 한 명이다.

— **고이케 유리코 도쿄도지사**

'넘쳐 나는 군살을 더덕더덕 붙인 비만 도시'
'사장인가 했더니 중간 관리자'

시각적인 비유가 참으로 절묘하다.

✅ '들어 본 적 없는 낯선' 말로 바꿔 보자

비유의 묘미는 역시 '아!' 하는 감탄사를 자아내는 신선함이다. '잠든 얼굴이 천사 같다'나 '얼음처럼 차갑다'처럼 바로 떠오르는 쉬운 표현, 심지어 사전에도 올라 있는 표현은 임팩트가 약하다. 어차피 빗댈 거라면 손때 묻지 않은 표현, 익숙하지 않은 표현, 그러니까 '들어 본 적 없는 낯선 표현'으로 바꾸는 것이 좋다.

'강철 같은 굳은 의지'는 흔하다. '신칸센 아이스크림 같은 단단한 의지'*는 어떨까?

빗대고 싶은 대상의 형상 또는 특징에 딱 들어맞는 표현을 연상 게임처럼 떠올리면 된다. 가능한 한 신선한 표현을 쓰되 원래 것과 빗대는 대상 사이에 간극이 있는, 다시 말해 '동떨어진 장르의 표현을 접목한 비유'가 기억에 쉽게 남는다는 점이 핵심이다.

---

* 일본 고속철도 신칸센에서 판매되는 아이스크림은 먹기 어려울 만큼 딱딱하기로 유명하다.

> **원칙 31**
>
> '이 말만은 놓치지 말라'는
> '마법의 신호'를 보내라
>
> — '이게 핵심'이라고 알리는 데도 비결이 있다.

    여기까지 우리는 표현을 약간만 바꾸면 바로 설득력이 커지는 말하기 비법을 살펴보았다. 마지막으로 가장 쉽고 편한 기술 하나가 남았다.
    필자는 오랫동안 기업 간부들을 위한 미디어 트레이닝도 해 왔다. 기자회견이나 인터뷰를 체험하는 시뮬레이션 훈련을 통해 어떻게 하면 대답을 잘할 수 있는지를 지도한 것이다. 미국의 미디어 트레이닝 기법에는 'Flagging(깃발로 신호 주기)'이라는 것이 있다. 핵심 메시지가 나올 때 '이게 핵심이다. 잘 들어라'라고 눈에 띄게 깃발을 흔든다는 의미이다.

A: 오늘 발표에서는 '열량'이 중요합니다.

B: 이것만큼은 꼭 알고 가셨으면 하는 핵심 내용이 있습니다. …바로 '열량'입니다.

B가 훨씬 인상적으로 남지 않는가? 강조하려는 메시지를 알리기 직전에 상대 머릿속의 기억 스위치를 켜게 하는 '마법의 신호'를 보내는 것이다.

✔ '마법의 신호'는 이런 것이다

'마법의 신호'의 실례에는 이런 표현이 있다.

- 오늘 꼭 기억하셔야 하는 단 하나의 메시지는 바로….
- 핵심은 크게 두 가지입니다.
- 이것만큼은 잘 들어 보십시오.
- 상상해 보십시오.

하나같이 '이제부터 중요한 내용을 말할 테니 머릿속 녹음기에 잘 넣어 두라'고 당부하는 말이다. 어떤가? 귀가 쫑긋해지는 기분이 들지 않는가?

☑ '뜸 들이기'로 상대의 애를 태워라

이때 반드시 지켜야 하는 것은 바로 '마법의 신호'를 보낸 직후 한 박자 쉬기(잠깐 뜸 들이기)이다. '뜸'을 들이면 상대는 애가 타면서 긴장감이 생기고, 이어서 나오는 내용에 관심을 집중하게 된다.

듣는 이의 뇌를 각성시키는 표현이 또 있다.

- 고작
- 불과
- 지금 당장
- ~뿐
- ~에 한해
- 한정

이런 말들이다.

홈쇼핑을 보면 이런 말들이 끊임없이 등장한다. '항상 있는 기회가 아니다', '얼마 남지 않았다' 같은 '결핍', '희소' 상태를 강조함으로써 허기진 마음을 부추기고 당장 사도록 채찍질하는 것이다. 코로나19 시국에 마스크와 휴지가 불티나게 팔리는 현상만 봐도 쉽게 알 수 있다. 이처럼 말 한마디, 숫자 하나가 지닌 엄청난 힘을 활용한다면 누구나 '설득 왕'이 될 수 있다.

제**6**장

긴장 0%!
만족도 100%!

청중을 사로잡는 초일류 프레젠테이션의 원칙

지금 바로 당당하게
프레젠테이션 할 수 있는 필승 원칙

지금은 경영자를 지도하고 있지만, 전에는 필자도 남 앞에 서는 일이 무척 힘들었다.

'나 같은 소심쟁이는 평생 담대해지기 어려운가? 무슨 방법이 없을까?'

남 앞에서 말하는 데 심각한 콤플렉스를 느끼던 필자는 프레젠테이션을 잘하고 싶어서 온갖 방법을 시도하던 끝에 미국으로 건너가 전문가의 수업을 받는 등 훈련을 쌓았다.

그리하여 손에 쥔 것이 바로 그 자리에서 긴장 푸는 법, 당당하게 목소리 내는 법 등 다양한 프레젠테이션 필승 원칙이다. 그 비법을 여러분에게 공개한다.

'긴장하지 않는 비법'을 몸으로 익히라

— 도요다 아키오 사장의 '프레젠테이션 잘하는 비결'은?

눈부신 스포트라이트를 받으며 무대에 오르면 따가운 시선이 '화살'처럼 자신을 공격하는 느낌이 든다고 하는 사람이 있다. 숨길 것 없이 필자도 그랬다.

☑ 명문 연기 학교가 가르쳐 준 '진실'

일대일 대화는 어떻게든 하겠는데, 눈앞에 여러 사람이 있으면 바로 '시선 공포증'이 도졌다. 그런 병을 뜯어고치기 위해 필자는 스스로를 다양한 시험대에 올렸다.

☼ 에피소드

미국에는 하늘의 별만큼이나 많은 커뮤니케이션 스쿨이 있다. 필자는 프레젠테이션, 연설, 즉흥극, 스토리텔링, 보이스 트레이닝, 보디랭귀지 스쿨부터 어엿한 대학 연구기관인 '부끄럼쟁이 연구소'까지 매일 닥치는 대로 다녔다. 그런 곳에 가면 보통 '아이스 브레이크'라는 이름으로 몸부터 푸는데, 그 활동마저도 필자에게는 고통이었다.

'남의 이름을 잘못 부르면 어쩌지?'

'동작을 틀리면 어쩌지?'

이런저런 걱정 때문에 계속 긴장해 있었다. 그래서 영화 〈악마는 프라다를 입는다〉로 유명한 여배우 앤 해서웨이(Anne Hathaway)가 다녔다는 브로드웨이(Broadway) 명문 연기학교의 문을 두드렸다.

입학시험으로 '닳고 닳은 창부' 역을 연기했다. 죽은 애인의 장례식장에서 그의 아내와 대면하는 장면이었다. 더듬거렸다가, 대사를 잊었다가, 기억했나 싶으면 틀리기를 여러 번. 어느새 '정답 집착증'은 온데간데없이 사라지고 배짱이 두둑해지는 기분이 들었다. 분장과 의상까지 '그럴듯하게' 갖춰서 내가 아닌 타인이 되어 버리니 어찌 된 일인지 재미있

> 기까지 했다.
> 그때 생각했다. 이건 '평소의 나'가 아니라 '제2의 나'이다!
> 그 순간 필자를 단단히 옥죄던 '껍데기'가 와장창 박살 나는 소리가 귓전을 울렸다.

✅ 자존심을 버리고 바보가 되자

- 애당초 하나의 '정답'은 없다.
- '역할'에 빠져 자기 자신을 '놓아 버리면' '말하는' 긴장감에서 해방될 수 있다.
- 여러 번 연습하면 대사와 움직임이 몸에 배어들어 '근육에 기억'된다.
- 여러 번 겪으면 '부끄러움'도 사라진다.

필자가 그 명문 연기 학교에서 배운 점들이다. 요컨대 '자존심을 버리고 자신을 드러낸 뒤 바보가 되라'는 것이다.

✅ 도요다 아키오 사장이 발견한 긴장하지 않는 법

필자는 일본의 경영자 중 최고 수준의 소통 능력을 자랑하는 이로 토요타 자동차의 도요다 아키오 사장을 자주 꼽는다. 그는 사보 인터뷰에서 '프레젠테이션을 잘하는 비결이 무엇인가?'라는 질문을 받고 이렇게 답했다.

"아무래도 사람이다 보니 남 앞에 나설 때는 '부끄럽다'든지 '잘 보이고 싶다'는 생각이 들게 마련이죠. 그런데 그것마저 내려놓으면 편해져요. 그게 내가 해 줄 수 있는 유일한 조언입니다."

잘 보이겠다고 생각하면 할수록 모양이 살지 않는다는 말이다.

도요다 아키오 사장은 일본의 경영자 중에서는 드물게 잡스 스타일의 프레젠테이션을 보여 준다. 처음에는 보수적인 업계 사람들이 눈살을 찌푸리기도 했지만, 위축되지 않고 시원시원한 제스처와 웃음으로 청중을 즐겁게 했고, 그들에게 활기를 불어넣기 위해 열의를 쏟았다.

그가 굳이 온몸을 던져 가며 '익살'을 떠는 데는 '어제까지 하던 대로 해서는 앞날이 없다'는 위기감을 강력한 에너지로 보여 주겠다는 의도가 깔려 있다. '바보 되기', '잘 보이려는 생각 버리기'야말로 프레젠테이션을 잘하는 첫걸음이다.

> **원칙 33**
>
> ## '야호 법칙'으로 자신의 '껍데기'를 깰 수 있다
>
> — 방법은 놀랄 만큼 간단!

그러나 현실적으로 필자의 '학생'들은 대부분 자존심이 강하고, 오랫동안 '과묵한 남성', '말하지 않아도 알아주는 관계'가 최고라는 생각에 갇혀 살아온 '어르신'들이다. 철벽처럼 단단한 그 껍데기를 깨기란 보통 일이 아니다. 그래서 껍데기를 깨는 방법으로 고안해 낸 것이 '야호 법칙'이다.

☑ '야호'를 세 번만 외쳐라

방법은 간단하다.

① 산 정상에 올랐다고 상상하고 '야호!'를 세 번 외쳐 보자. 이 때 목소리가 방사형으로 뻗어 나가 근처 다른 산에까지 닿게 한다는 상상을 한다.
② 첫 번째 외칠 때는 '도', 두 번째는 '미', 세 번째는 '솔' 음정으로 소리를 낸다. 특별히 음정을 정확히 낼 필요는 없고, 단계적으로 올리는 데 집중한다. 동시에 음량도 단계적으로 키운다.
③ 세 번째 '야호!'를 외친 직후, 그 음정과 음량을 기억했다가 프레젠테이션의 첫 음성으로 낸다.

그러니까 '야호', '야호', '야호', '여러분, 안녕하세요!'라고 말하라는 것이다.

이 연습은 목소리에 활력과 팽팽한 힘을 주려는 것이다. 첫 음성이 처음의 '야호' 수준으로 나올 가능성이 크기 때문이다. 목소리에 활력이 떨어지고 느슨한 느낌을 주는 음성으로는 청중을 휘어잡을 수 없다.

물론 실전에서는 '야호!'를 마음속으로 외쳐야 한다. 소리를 밖으로 내지 않아도 아무 준비 없이 첫 음성을 내는 것과 세 번째 '야호!'를 마음속으로 준비했다가 그 에너지로 프레젠테이션을 시작하는 것에는 엄청난 차이가 있다.

✅ 프레젠테이션 때만큼은 '감정의 안전지대'를 벗어나라

프레젠테이션의 발표자에는 크게 두 종류가 있다. 정보만 전달하는 사람(Informer), 그리고 사람의 마음을 움직이는 사람(Performer)이다. 전자가 후자로 완전히 바뀌고 싶다면 언젠가 한번은 '감정의 안전지대'를 만들어 주는 '울타리'를 벗어나야 한다. '야호 법칙'으로 부끄러움이라는 '중력의 벽'을 깨고 나면, '무중력 공간'을 종횡무진 누비는 '무적'의 발표자가 될 수 있다.

¤ 에피소드

세계 각국 인사가 모인 자리에서 잡스 스타일의 프레젠테이션을 하게 된 어느 자동차 기업의 대표. 자신이 없었던 그는 '야호 법칙'을 포함해 자신의 '한계'를 넘어설 온갖 '미션'에 도전했고, 수십 번 연습했다.

결국 실전에서 최고의 퍼포먼스를 펼쳤고, 대표의 노력을 줄곧 지켜본 주위 스태프도 크게 감격했다. "덕분에 극복할 수 있었습니다!"라고 말하며 만면에 웃음을 짓던 그날의 모습이 아직도 필자의 머릿속에 남아 있다.

> **원칙 34**
>
> ### '가상의 악수'로
> ### '마음의 연결고리'를 만들어라
>
> — '안녕하세요?' 한마디에 많은 것이 변한다.

프레젠테이션을 할 때는 처음 30초 안에 청중과 '마음의 연결고리'를 만드는 것이 관건이다.

☑ '안녕하세요?'의 메아리를 기다려라

'야호 법칙'을 다시 한번 떠올려 보자. 사람들은 산 정상에서 '야호!'라고 외치면서 '야아… 호오…!'라는 메아리가 돌아오기를 기다린다. 프레젠테이션도 마찬가지이다.

여러분이 청중을 똑바로 바라보면서 에너지를 한껏 끌어올려 "여러분, 안녕하세요?"라고 인사했다면 다음으로 해야 할 일은 청중에게서 "안녕하세요?"라는 '메아리'가 돌아올 '시간적 여유'를 충분히 두는 것이다.

프레젠테이션을 할 때 긴장이 되는 이유는 모르는 적에 둘러싸인 탓에 두려움을 느끼기 때문이다. 하지만 이는 본능적인 반응이다. 서양의 악수 문화는 손에 무기를 들지 않았음을 서로 확인한 데서 시작되었다. 눈앞의 청중이 적이 아님을 초장에 확인하면 겁먹을 이유가 없다. '안녕하세요?'라는 인사는 청중과 나누는 '가상의 악수'이다. 그 악수를 통해 청중과 마음을 연결하고 머릿속 긴장을 해제하라는 것이다.

> **원칙 35**
>
> # '공감 프레젠테이션'으로 바꾸는 '요요 법칙'
>
> — 프레젠테이션은 '1인극, 독백'이 아니다.

필자가 가장 아쉽게 여기는 프레젠테이션 스타일이 있다. '마운드에 홀로 서서 묵묵히 던지기만 하는 고독한 투수'와 '벽 치기 연습에 빠져 있는 테니스 선수' 스타일이다. 매우 흔한 이 두 스타일이 아쉽게 느껴지는 이유는 둘 다 일방통행이다 보니 소외감만 느끼다가 발표가 끝나기 때문이다.

✅ 프레젠테이션은 대화이자 언어의 캐치볼

프레젠테이션은 '1인극, 독백'이 아니라 '대화이고, 언어의 캐치볼'이다.

영국 항공사 버진애틀랜틱항공(Virgin Atlantic Airways)을 설립한 유명한 기업가 리처드 브랜슨(Richard Branson)은 프레젠테이션이 대단히 서툴렀다. 그래서 이렇게 마음먹었다고 한다.

'현장에 온 내 친구들과 수다를 떠는 거야.'

여러분도 발표 현장에 모인 한 사람, 한 사람과 대화한다고 생각하기를 바란다.

× 세상이 디지털로 채워지면서 통신 네트워크는 중요한 사회 인프라가 되었습니다.

⇩

○ 재택근무가 힘든 적은 없었습니까? 통신 환경이 나빠 연결이 어렵다는 분도 계시는데요, 디지털 세상에서 통신 네트워크 인프라는 그야말로 사회의 버팀목입니다.

이렇게 질문을 던지면 '청중을 이야기 속으로 끌어들이게' 되어 일방적으로 원고만 읽어 내리는 발표보다 훨씬 생생한 느낌을 줄 뿐 아니라 일체감이 커진다.

✔ 두 아키라 씨에게 배우는 '요요 법칙'

바로 이 질문 화법에 능통한 인물이 저널리스트 이케가미 아키라(池上彰) 씨와 홈쇼핑 업체 자파넷타카타의 창업자 다카다 아키라 씨이다. 이 두 사람의 이야기를 들어 보면 '…인가요?', '…지요?'처럼 질문하는 조로 된 문장이 대단히 많이 등장하는 것을 알 수 있다. 이른바 '아키라 2인의 요요 법칙'을 활용하라는 말이다.

이 법칙을 활용하면 여러분도 순식간에 '고독한 독백'을 청중과의 양방향 대화로 바꿀 수 있다.

> **원칙 36**
>
> ## '마침표'를 '물음표'로 바꾸기만 해도 효과가 난다!
>
> — 프레젠테이션의 달인은 '물음표'를 애용한다.

프레젠테이션이 서툰 사람들에게는 우선 '마침표'를 '물음표'로 바꾸어 볼 것을 권한다.

☑ '물음표'를 던지면 상대는 호감을 느낀다

'마침표' 한 자를 '물음표'로 바꾸기만 해도 '일방적인 자기 이야기'가 '상대와의 양방향 대화'로 바뀐다. 게다가 상대가 여러분에게 호감을 가진다는 느낌까지 받게 될 것이다. 이는 프레젠테이션뿐 아니라 평소 대화에도 적용되는 말이다. 소통은 원래 '대화'로 시작해 '대화'로 끝나기 때문이다.

세계적인 지식 콘퍼런스인 테드(TED)에서 가장 인기 있는 상위 25개 프레젠테이션을 분석했더니 다음 세 가지 특징이 나타났다.

① 웃음을 끌어낸다.
② 박수와 함성이 넘친다.
③ 질문이 많다.

또 그 프레젠테이션의 문장을 분석했더니 '물음표'로 끝난 문장이 579개였고, '마침표'로 끝난 문장이 3,910개였다. '마침표'로 끝나는 문장이 여섯 개 나올 때 '물음표'로 끝나는 문장, 즉 질문이 한 개 비율로 나온 것이다. 프레젠테이션의 달인이 구사한 필살기는 다름 아닌 '물음표'였던 것이다.

원칙 37

절대 '자기소개'나 '감사 인사'로 시작하지 마라

— 프레젠테이션은 '도입부의 임팩트' 싸움이다!

"방금 소개받은 ○○○입니다."

이렇게 자기 이름을 소개하면서 프레젠테이션을 시작하는 사람이 많다. 그러나 실제로는 자기 입으로 밝히기 전에

① 사회자가 이미 이름과 경력을 소개했거나
② 팸플릿이나 식순 안내 등에 이름이 나와 있어 청중은 이미 이름을 인식하고 있는

경우가 대부분 아닐까? 저렇게 이름을 밝히면서 시작하는 방식은 지루한 프레젠테이션의 전형적인 예이다.

☑ 도입부에서 '미끼'를 던져야 한다

"초대해 주셔서 감사합니다."
"살짝 긴장되네요."

이런 방식도 '모양새가 좋지 않은' 프레젠테이션의 대표적인 예라고 할 수 있다. 감사 인사를 할 여유가 있으면 발표를 재미있게 하는 데 써야 하고, 굳이 인사가 필요하다면 끝날 때 해도 무방하다. 또 불안한 마음을 토로하는 것도 좋지만, 자칫 청중까지 긴장시킬 우려가 있다는 점을 기억해 두자.

발표를 시작하는 순간을 감사 인사나 자기소개 따위에 쓰기에는 너무나도 아깝다. 왜냐하면 프레젠테이션의 도입부 때는 뭐니 뭐니 해도 '임팩트'가 중요하기 때문이다.
시작과 동시에 '미끼'를 던지지 않으면 청중의 마음은 엉뚱한 데로 흘러가 버린다. 프레젠테이션은 '도입 후 30초 이내에 얼마나 강한 임팩트를 주느냐?' 하는 싸움이다. 이 점을 명심해야 한다.

원칙 38

'다섯 가지 패턴'으로 마음을 사로잡아라

— '테드 강연 베스트 10'으로 알아보는 진실

프레젠테이션 도입 후 30초 이내에 청중의 마음을 사로잡는 비법에는 어떤 것이 있을까?

☑ 좋은 도입부의 다섯 가지 패턴

좋은 도입부의 다섯 가지 패턴을 소개할 텐데, 이는 시청 횟수 면에서 상위 10위를 기록한 테드 강연 중, 필자가 특히 주목할 만한 사례로 꼽은 것들이다.

— 좋은 도입부 ①

유머 – 실패 없는 소재를 찾아라

"안녕하세요! 오늘 기분은 어떠세요? 와, 엄청나네요. 저는 벌써 압도된 느낌이에요. 그래서 이제 돌아가려고요."

테드 강연 중에서 가장 인기 있었던 영국의 교육학자 켄 로빈슨(Ken Robinson)*의 '학교가 창의력을 죽인다'의 도입부이다. 이 이야기는 2006년 당시 현장을 폭소의 도가니로 몰아넣었다.

유머는 어려운 기술이지만, 자신만의 실패 없는 소재를 하나만 가지고 있어도 순식간에 현장을 휘어잡을 수 있다.

— 좋은 도입부 ②

서프라이즈 – '예상 밖의 것'은 기억에 선명하게 남는다

"슬프게도 지금부터 제가 이야기할 18분 동안에도 먹거리 때문에 미국인 네 명이 사망할 것입니다."

영국의 유명 셰프 제이미 올리버(Jamie Oliver)는 '아이들에게 음식에 관해 가르칩시다'라는 강연의 도입부에서 충격적인 데이터를 제

---

* 1950~2020. 영국의 교육학자, 사상가. 미국식 교육은 '공업적' 획일화를 지향하는데, 인간은 더 '농업적이고 유기적'인 존재로 성장해야 한다고 주장하며 연극 등을 교육에 도입했다. 이 결과 학생들의 수학, 과학을 포함한 학습 역량이 크게 개선되었고, 해당 공로를 인정받아 2008년 기사 작위를 받았다.

시해 청중을 놀라게 했다.

뭔가 희귀한 물건을 가지고 가서 보여 주는 방법도 좋을 것이다. '예상 밖의 것'은 기억에 선명하게 남는 법이다.

― **좋은 도입부 ③**

스토리 - 가벼운 일화도 마음의 거리를 좁힐 수 있다

"이런 이야기로 시작해 보겠습니다. 2년 전에 이벤트 기획자에게 전화가 왔습니다. 전화기 너머로 그가 이렇게 말했습니다…."

미국의 심리학자 브레네 브라운(Brene Brown)은 '취약성의 힘'에서 신변잡기에 가까운 스토리를 들려주었다.

가능한 한 그 스토리의 '핵심'은 전하고자 하는 메시지로 잘 이어지게 해야 한다. 주위에서 흔히 일어날 법한 가벼운 일화도 청중과의 거리감을 좁히는 데 아주 효과적으로 이용할 수 있다.

― **좋은 도입부 ④**

질문 - 가장 흔한 도입 방식

"일이 잘 안 풀렸을 때, 여러분은 어떻게 설명하세요? 이건 어떻습니까? 누군가가 상식을 완전히 뛰어넘는 업적을 이뤘을 때, 어떻게 설명합니까?"

미국의 유명한 컨설턴트 사이먼 사이넥(Simon Sinek)은 '위대한 리더가 행동을 끌어내는 법'에서 질문으로 강연을 시작했다.

질문은 도입부에 쓰이는 가장 흔한 방식이다. 깨달음을 주고, 흥미를 불러일으키며, 기대하게 하는 질문으로 청중의 마음을 사로잡을 수 있다.

─ 좋은 도입부 ⑤

고백 – 흥미로운 '미끼', '사실 저는…'

"처음 털어놓는 이야기입니다만, 저는 대략 20년 전에 했던 어떤 행동을 후회하고 있습니다."

미국의 작가 다니엘 핑크(Daniel Pink)의 '동기유발의 수수께끼'는 놀라운 고백으로 막을 올렸다. 사람은 누구나 타인의 비밀에 무조건 끌린다.

"사실 저는 지금도 고민 중인데요…."

어떤가? 이어서 나올 이야기가 궁금하지 않은가 말이다. '사실 저는…'. 이 말만으로도 충분히 재미있는 '미끼'를 던질 수 있다.

원칙 39

또 다른 다섯 가지 패턴
미끼를 던져 강력하게 시작하라

— 와타나베 쓰네오의 인상적인 미끼

추천하고 싶은 패턴은 더 있다. '좋은 도입부의 또 다른 다섯 가지 패턴'을 소개한다.

① "일어나 보세요", "심호흡해 봅시다" 등 참여형 활동
② 동영상 보여 주기
③ 유명한 대사를 인용하거나 격언으로 시작하기
④ 대담한 선언 하기
⑤ "상상해 보세요"라고 요청한 뒤, 특정 광경 묘사하기

여기에 다 소개하지는 않겠지만, 이 외에도 백 가지가 넘는 패

턴이 있다.

그런데 필자의 뇌리에 가장 인상 깊게 남아 있는 도입부는 요미우리(読売) 신문사 입사식에서 와타나베 쓰네오(渡邊恒雄) 회장이 했던 인사말이다. 단상에 오르더니 갑자기 "어…, 저는 7년 뒤에 죽을 생각입니다"라고 말하는 것이 아닌가? 입이 다물어지지 않는다는 말은 그런 상황을 두고 하는 말일 것이다. 너무나도 대담한 '선언'에 '보통 사람이 아니구나' 하는 생각이 들며 간담이 서늘해진 기억이 난다.

그런데 '미끼'를 도입부에만 던져야 하는 것은 아니다. 쉽게 싫증 내는 현대인의 마음을 붙잡아 두려면 '재미있게', '놀라게', '빠져들게' 할 미끼를 전체적으로 적절하게 배치하는 것이 좋다.

> **원칙 40**
>
> ## 인상의 40%는 목소리가 좌우하고 '크기'보다는 '변화'가 중요하다
>
> — 정치인의 거리 연설이 아니다.

프레젠테이션을 할 때 '목소리'는 어떠해야 하냐는 질문도 자주 받는다. '어떻게 하면 좋은 목소리로 말할 수 있을까?'를 고민한다는 것이다.

✅ 사람의 인상은 목소리가 40%이다

머레이비언의 법칙*에 따르면 사람의 인상은 '외모 50%', '목

---

* 미국의 심리학자 앨버트 머레이비언(Albert Mehrabian, 1939~)이 발표한 이론인데, 한 사람이 상대방에게 받는 이미지는 시각과 청각이 각각 55%와 38%를 차지하고, 말의 내용은 7%에 불과하다는 내용이다.

소리 40%', '말의 내용 10%'로 결정된다고 한다. '사람은 외모가 90%'라는 속설도 있지만, 외모가 인상에 미치는 영향은 절반에 불과하고 목소리의 영향력이 40%나 된다는 사실을 아는 사람은 그리 많지 않다.

필자가 다닌 보이스 트레이닝 학교의 코치는 늘 이렇게 말했다.
"목소리가 그 사람이다."

목소리가 사람의 성격과 인간성 등 '그 사람'을 반영하는 거울이라는 것이다.

✔ 특히 '억양'과 '변화'가 중요하다

목소리는 '크기'가 중요한 게 아니다. 거리에 나선 정치인도 아닌데 줄곧 큰소리로 외칠 이유가 없다.

☼ 에피소드

목소리는 청중이 듣기 좋게 잘 뻗어 나가야 하는데, 필자는 그렇지 못해 고민이었다. 그래서 뉴욕에 살던 시절, 배우로도 활동하던 베테랑 보이스 코치에게 보이스 트레이닝을 받았다.

> 수업은 목소리가 나오는 원리에 관한 과학적 설명으로 시작됐다. 이어서 실제 브로드웨이에서 활용하는 발성법을 배웠는데, 놀랍게도 발성은 전신 운동이었고, 목소리는 호흡 그 자체였다. 몸을 철저히 이완시키고, 숨을 풍부하게 들이쉬었다 내뱉어야 좋은 목소리를 낼 수 있다는 사실을 알게 되었다.
> 어느 날, 바닥을 데굴데굴 구르면서 목소리를 내는 엄청나게 힘든 신체 훈련을 받았다. 그러고 나자 몸에서 두 눈이 휘둥그레질 정도로 풍성한 목소리가 나왔다. 그 경험은 필자에게 가히 충격이었다.

✅ 키워드는 '천천히' – 속도에도 완급을 주어라

속도에도 변화가 필요하다. 달팽이처럼 시종일관 느긋하게 진행하면 지루해지고, 너무 빠르면 알아듣기 힘들어진다. 그러니 예를 들어 '천천히' 말하는 등 속도에 완급을 주어야 한다.

결론적으로 말해 목소리는 '변화'가 중요하다. 크기, 음정, 속도가 일정한 노래는 쉬이 질린다. 제트코스터처럼 올라갔다 내려가기도 하고 속도가 빨라졌다가 느려지기도 하는 변화야말로 관건이다.

원칙 41

세 가지 기본 동작으로 '좋은 목소리' 내기

— '개성 있고 깊이 있는 목소리' 내기 비법

'이야기를 막힘없이 풀어내지 못해 고민'이라는 경영자도 많이 만났다. 그때마다 필자는 "내용도 없으면서 잘 떠들기만 하면 천박하다는 인상을 줍니다"라고 말해 준다. 쉬지 않고 쏟아 내는 것보다는 '개성 있고 깊이 있는 목소리 내기'가 훨씬 중요하다. 목소리에 자신 없는 사람들이 참고할 만한 비법을 소개한다.

☑ **연봉을 올리고 싶으면 ○○을 낮춰라?**

'카리스마 있는 목소리'라고 하면 어떤 인물이 떠오르는가? 필자의 머릿속에는 마틴 루터 킹(Martin Luther King), 윈스턴 처칠

(Winston Churchill)이 떠오른다. 뼛속까지 파고드는 그들의 목소리가 없었다면 역사는 달라졌을지도 모른다.

일본의 리더 중에서는 교세라(Kyocera)의 창업자 이나모리 가즈오(稲盛和夫) 씨의 중후한 목소리와 상대를 압도하는 오라가 인상적이다. 그는 자료를 응시하며 별로 고개를 들지도 않고 말하지만, 나지막하고 굵은 목소리에서 느껴지는 박력이 엄청나다.

사실 카리스마는 '저음'에서 나온다고 주장하는 사람도 있다. 미국 듀크대학교(Duke University)의 연구에 따르면 저음을 내는 남성 CEO는 그렇지 않은 CEO보다 일 년에 무려 18만 7,000달러(약 2억 원)를 더 번다고 한다.

영국 최초의 여성 총리 마거릿 대처(Margaret Thatcher)도 저음을 잘 내기 위해 보이스 트레이닝을 받았다고 알려지는데, 동영상을 비교해 보면 전후 차이를 분명히 알 수 있다.

☑ 목소리는 호흡! 세 가지 기본 동작은?

한편 '톤이 높은 목소리'는 생기발랄함과 열정을 표현할 수 있다고 한다. 빌 게이츠(Bill Gates), 손정의, 다카다 아키라 같은 인물이 이에 속한다. 다카다 아키라의 평소 목소리는 아주 낮은 편이지만, 고객 앞에서는 일부러 '캐릭터'를 바꾸어 텐션과 음정을 높인다.

프레젠테이션의 달인은 낮은 목소리가 위엄과 안정감, 높은 목소리가 친근감과 생기발랄함을 준다는 점을 알고 목소리의 고저를 전략적으로 구분해 사용한다. 격려할 때는 '조금 높은 톤'으로, 나무랄 때는 '낮고 위압감 있는 목소리'로 말함으로써 효과를 극대화하는 것이다. 좋은 목소리를 내기 원한다면 '목소리가 호흡'이라는 점을 이용해 다음과 같은 기본 동작을 해 보자.

① 숨을 크게 들이쉬어 배 안의 물병에 공기를 채운다.
② 치약을 짜내듯이 배가 쏙 들어갈 때까지 입으로 숨을 내뱉는다.
③ 숨을 내뱉는 동시에 입을 크게 벌리고 소리를 낸다.

✔ '목소리의 높낮이를 쉽게 바꾸는 비법'은?

사실 목소리의 높낮이를 순간적으로 바꾸는 비법이 있다. 목소리를 높게 내려면 정수리를 의식하고, 낮게 내려면 배꼽을 의식하면 된다. 지극히 간단하지만, 여기에는 근거가 있다. 사람은 성대에서 발생하는 소리를 구강, 비강, 폐 등 빈 곳을 울려서 목소리를 내기 때문에 울림을 만들어 내는 공간이 몸의 상부로 갈수록 높은 소리가 나고, 하부로 갈수록 낮은 소리가 나는 것이다.

목소리는 자기 자신이다. '목소리'를 단련해 '자신감'까지 단숨에 키워 보자.

원칙 42

유튜버에게 배우는 '비대면 소통'의 여섯 가지 비법

— '들려주고' '보여 주려는' 노력과 열정의 가치!

웹 회의는 편리하지만, '줌 피로(Zoom fatigue)'*라는 신조어가 등장할 만큼 온라인으로 이뤄지는 소통은 뇌에 상당한 부담을 준다고 알려져 있다.

☑ 사람의 표정은 25만 가지

사람의 표정은 25만 가지나 되고, 협상의 60~80%는 보디랭귀

---

* 대표적 화상 회의 서비스 '줌'과 '피로'를 합친 신조어. 화면에 시선을 계속 고정해야 하고, 영상과 음성이 잘 맞지 않으면 상대가 덜 집중하는 느낌을 받으며, 한 공간에서 여러 사람을 만나야 하는 등의 이유로 뇌가 쉽게 피로감을 느끼게 된다는 것이다.

지의 영향을 받는다고 한다. 실제로 만나서 대화할 때 사람들은 시선이나 몸의 움직임 등 비언어적인 신호, 즉 '사회적 단서(social cue)'를 순간적으로 감지해 대화의 흐름을 파악하고 표정이나 보디랭귀지를 맞춤으로써 공감대를 형성한다.

그런데 비대면일 때는 그럴 수가 없다. 게다가 '눈을 맞출 수 없다', '음질 또는 화질이 나쁘다', '음성이 영상과 맞지 않거나 여러 음성이 겹친다', '자기 모습을 계속 봐야 한다' 등의 요인 때문에 쉽게 지치기까지 한다.

웹 회의 때는 실제 회의보다 말할 기회가 25% 줄어든다는 연구도 있다.

✅ 비대면일 때는 집중력이 떨어진다

듣는 사람도 '대면할 때보다 집중력이 떨어진다'는 이야기를 많이 한다. 따라서 오감으로 감지하던 정보를 눈과 귀로만 흡수해야 하는 비대면 환경에서는 말하는 사람이 이전보다 훨씬 더 노력해야 전달력이 생긴다. 알아듣기 쉽게 목소리의 완급도 조절해야 하고, 표정이나 프레젠테이션 자료를 '보여 주거나 주의를 끄는 방법'에도 한층 공을 들여야 한다는 말이다.

☑ 비대면 시대 '말하기', '보여 주기'는 유튜버에게 배워라

요즘 같은 비대면 시대에 '프레젠테이션을 가장 잘하는 사람'은 인기 유튜버인 것 같다. 우리는 그들이 '들려주고' '보여 주는' 데 들이는 엄청난 노력과 열정을 배워야 한다. 그들의 노력과 열정은 다음 여섯 가지 모습으로 나타난다.

① 풍부한 표정

인기 유튜버들은 과장이라고 해도 좋을 만큼 표정이 풍부하다. 즐겁고 기쁜 표정은 보는 이까지 즐겁게 만들어 준다.

② 과장된 움직임

움직임이 없으면 시청자가 지루해진다. 그래서 걷기도 하고 달리기도 하는 등 내내 의식적으로 동작에 변화를 준다.

③ 실제로 보여 주고 흥미를 끈다

게임이나 신상품, 애완동물 등 '무언가'를 보여 주고 보는 이에게 흥미를 끈다.

④ 효과음을 충분히 쓴다

강조하고자 하는 장면이나 장면 전환 등에서 효과음을 아낌없이 이용한다.

⑤ 자막을 넣는다

말한 내용의 요점을 반드시 자막으로 표기한다. 이는 최근 TV에서도 흔히 쓰는 기법이다.

⑥ 구어체와 대화 조로 말한다

시청자와 대화하는 듯한 말투로 친근감을 자아낸다.

일본에서는 코로나19와 관련해 기자회견을 하는 지자체 단체장들이 차트와 대형 그림 카드를 활용하는 모습을 쉽게 볼 수 있다. 말로만 전달하기 어려운 정보를 '청각'과 '시각'을 동시에 자극해 직감적으로 이해하고 기억시키겠다는 의도가 있을 것이다.

원칙 43

감정의 급소를 '눈과 귀'로 자극하라

— 이모티콘과 인스타그램의 인기 원인

마이크로소프트의 창업자 빌 게이츠의 프레젠테이션을 눈여겨 살펴보자.

☑ 빌 게이츠의 화법에서 배울 점

빌 게이츠의 프레젠테이션에서는 정보를 시각적·직감적으로 전달하는 기술을 배울 수 있다.

감염증 대책 활동에 열의를 쏟고 있는 빌 게이츠는 한 프레젠테이션에서 유리병을 들고 무대에 올라 이렇게 말했다.

"아시다시피 말라리아는 모기를 통해 감염됩니다. 여러분도 체험해 봤으면 좋겠다 싶어서 오늘 몇 마리 데리고 나왔습니다. 얘들을 잠깐 자유롭게 풀어 줄까요?"

이렇게 말하고는 유리병의 뚜껑을 열었다. 현장에 있던 이들이 일제히 술렁거렸다. 빌 게이츠는 이렇게 말했다.

"감염되지 않은 모기니까 괜찮습니다."

소통이란 것은 감정을 움직여야 비로소 성립된다. 이모티콘이나 인스타그램이 인기를 끄는 이유는 감정을 시각적으로 전달하기 때문이다. 그러한 도구가 익숙한 디지털 네이티브에게는 깨알 같은 글씨가 촘촘히 박힌 자료를 제시하거나 지루하게 자료만 읽어 대는 설명이 먹힐 리 없다. 프레젠테이션을 할 때는 감정의 급소를 '눈과 귀로' 자극해야 한다는 점을 명심하자.

원칙 44

딱 하나만 바꾼다면
주저 없이 '아이 콘택트'

— 여러분의 아이 콘택트는 잘못됐다!

    필자는 지금까지 수없이 많은 기업 대표의 '과외 선생'으로서 마술처럼 그들이 '변신'하도록 돕는 역할을 해 왔다. 그런 필자에게 '딱 하나만 바꿀 수 있다면 가장 효과가 큰 건 뭐냐?'고 묻는다면 주저 없이 '아이 콘택트'라고 말할 것이다.

    일본의 한 연구기관이 마주 보는 두 사람의 뇌 활동을 관찰한 결과, 서로를 응시하는 동안 뇌의 특정 부위 활동이 동기화한다는 사실을 알게 되었다. 다시 말해 시선을 맞추면 감정이 통해서 공감대를 이루기 쉬워진다는 이야기이다.

☑ 아이 콘택트 관련 상식은 오류투성이

그런데 아쉽게도 서양인보다 우리는 아이 콘택트의 빈도가 낮고, 그에 관한 상식도 오류투성이인 것이 사실이다.

대부분은

① 현장을 전부 훑어보는 '등대' 스타일
② 현장을 여러 묶음으로 나누고 묶음별로 시선을 주는 '로봇' 스타일
③ 내내 슬라이드를 쳐다보고 이야기하느라 청중에게 엉덩이만 보여 주는 '뒤태 미인' 스타일
④ '메트로놈'처럼 좌우를 차례로 바라보는 '테니스 관객' 스타일
⑤ 손에 든 자료를 보느라 시선이 아래로만 가 있다가 가끔 고개를 드는 '두더지' 스타일

이 모두가 '잘못된 아이 콘택트' 방식이다.

☑ '캐치볼' 스타일이 정석

아이 콘택트의 정석은 두더지도 아니고 등대도 아닌 '캐치볼' 스타일이다. 공을 차례로 주고받듯 관객 한 사람, 한 사람과 시선을 교환하라는 것이다.

'A 구역의 젊은 여성'.

'B 구역의 중년 남성'.

이런 식으로 현장의 어느 한 사람에 집중하고, 그 사람과 대화를 나누듯이 '말을 걸어' 보자. 이때 마치 대화하듯 자연스럽게 눈을 마주치면 된다.

청중이 '이 사람이 나한테 이야기하네!'라고 느낄 수 있는 것이 관건이다. 사람들의 반응이 차갑거나 무표정이어서 누구와 눈을 맞출지 순간적으로 선택하기 어려울 수도 있지만, 고개를 끄덕이는 사람을 찾겠다고 생각하면 비교적 쉬워진다.

칼럼 – 비대면 회의 때 아이 콘택트는 '각도가 생명'

최근 들어 동영상 메시지를 보낼 때는 어떻게 말해야 하느냐고 묻는 기업 대표의 상담이 늘었다. 동영상으로 메시지를 보낼 때도 '아이 콘택트'가 중요하다. 필자는 카메라 안에 실제 상대가 있다고 생각하고 확실하게 시선을 주라고 조언한다. 또 컴퓨터 모니터를 통해 회의할 때는 카메라가 아래쪽에 있으면 상대가 나를 올려다보는 것처럼 느낄 수 있다. 따라서 카메라의 위치가 눈높이에 오도록 각도와 높이를 조정해야 한다.

> **원칙 45**
>
> ## 전체 시간의 70% 이상 청중을 보고 말하라
>
> — 적어도 '네 가지 대목'에서는 꼭 눈을 맞추자.

몇 마디 적혀 있지도 않은 슬라이드와 자료에 쓸데없이 시선을 오래 고정하는 사람도 많다. 이는 심리적으로 긴장해 있기 때문이다. 필자는 가능한 한 전체 시간의 70% 이상은 청중을 보고 말하라고 조언한다.

☑ 아이 콘택트가 어려운 사람은 이렇게 극복하자

그렇게 하기 '어려울' 경우에는 다음 '네 가지 대목'에서만큼은 청중을 보기 바란다.

① 서두 30초
② 정보 양이 적어서 보고 읽을 필요가 없는 페이지나 슬라이드
③ 강조하고자 하는 말이나 메시지
④ '그럼', '그런데' 같은 접속사로 장면을 전환할 때

아이 콘택트를 잘하기로 유명한 인물로는 빌 클린턴(Bill Clinton) 전 미국 대통령을 들 수 있다. 많은 사람이 "그와 눈을 마주치면 누구나 '현실왜곡장(reality distortion field)'*에 들어간 것처럼 그의 팬이 된다"라고 고백할 정도였다.

눈을 맞추기가 긴장되는 사람은 상대의 눈과 눈 사이를 봐도 좋다. 아이 콘택트는 눈 깜짝할 사이에 상대와 공동체 관계를 형성할 수 있는 기막힌 방법이라는 점을 기억하기 바란다.

---

* 정신력을 이용해 새로운 세계를 창조하는 것을 가리키는 말로 영화 〈스타트렉〉에 등장했다. 시간이 흐르면서 '동료에게 확신을 심어 주고 몰아붙여 불가능한 일을 하게 하는 독특한 리더십'을 뜻하는 용어로 의미가 변용되어 쓰이고 있다.

모두를 열성 팬으로 만들어라!

카리스마 넘치는 리더의 매력 발산 원칙

온몸에 카리스마를 휘감는 방법

드디어 마지막 장이다. 자기 자신에 대한 확고한 자신감이 있는지 자문해 보자. 필자 생각에 우리는 서양인과 비교할 때 상대적으로 '자신감이 없어 보일' 때가 많은 것 같다.

그래서 제7장에서는 자신감 넘치는 사람이 되는 비법을 소개하려고 한다. 강력한 카리스마를 마법의 망토처럼 온몸에 휘감아 '매력 넘치는 사람'으로 변신할 수 있는 비법이다.

> **원칙 46**
>
> '자신 있는 척'하면
> 자신감이 생긴다
>
> — 겉모습을 바꾸면 자신감은 따라온다.

필자에게 상담을 신청하는 사람 중에는 외국인의 '자신감 넘치는 화법'에 압도됐다는 경험을 이야기하는 이가 많다. 주위를 둘러보면 능력은 뛰어난데 자신감이 없는 사람이 있는가 하면, 대단한 능력이 없으면서 자신만만한 사람도 있다.

☑ 자신 있는 척만 해도 자신감이 생긴다

자신감이란 '믿음'에 불과한 것이어서 머릿속에 '나는 자신감 넘치는 사람이다!'라고 주입하는 것이 중요하다고 주장하는 이들이 있다. 이에 따르면 자신감을 만들려면 일단 '자신 있는 척'을 해야 한다.

에이미 커디(Amy Cuddy) 하버드대학교 경영대학원 교수의 주장이다. 그의 조언은 무척 간단하다. 양팔을 위로 쭉 뻗는 '슈퍼맨'이나 양손을 허리에 올리고 가슴을 활짝 펴는 '원더우먼'처럼 힘세 보이는 '파워 포즈'를 2분 동안 유지하면 자신감이 솟아난다는 것이다. 이는 2012년 테드 강연에서 발표한 내용인데 큰 반향을 일으켰다. 한때 이 주장의 신빙성에 관해 이론이 제기되기도 했지만, 지금도 화제가 되는 학설임에는 틀림없다.

커디 교수의 연구에 따르면 그런 자세를 취하면 스트레스 호르몬인 '코르티솔(cortisol)' 분비는 줄어들고, 자신감과 관련이 깊은 '테스토스테론(testosterone)' 분비는 늘어난다고 한다. 다시 말해 '힘이 넘치는 것처럼 행동하기만 해도 정말로 힘이 난다'는 것이다. 'Fake it till you make it', 즉 '진짜인 것처럼 하다 보면 진짜가 된다'는 말처럼 '자신 있는 척하면 자신감이 생긴다'는 주장이다.

이 말은 곧 자신감이 붙어야 소통을 잘하게 된다고 생각할 것이 아니라 소통의 겉모습을 바꾸어 자신감이 따라붙게 하라는 뜻이다.

원칙 47

무의식중에 취하는 '그 자세'에 주의하라

— 가슴 펴고 말하기가 중요한 이유

겉모습을 바꾸려 할 때 가장 신경 써야 하는 부분은 보디랭귀지이다. 미국에는 FBI 조사관 출신, 심리학자 등 보디랭귀지 전문가가 아주 많다.

¤ **에피소드**

필자는 뉴욕에서 '포커 천재'라는 남성이 만든 보디랭귀지 스쿨을 체험한 적이 있다. 그 남성은 표정과 몸짓을 보고 상대의 패를 간파하는 특기를 살려 사람의 감정을 읽는 방

> 법, 자신 있는 척 꾸미는 방법 등을 가르쳤다. '존재감은 그 사람이 차지하는 물리적 공간의 크기에 비례한다'는 가르침이 특히 인상적이었다. 공작새처럼 제 몸을 크게 보일수록 힘을 과시할 수 있다는 이야기였다. 따라서 프레젠테이션을 할 때도 되도록 제스처를 크게 하고, 제자리에 서 있기보다는 이리저리 돌아다녀서 자신의 공간을 크게 확보하는 것이 중요하다.

✅ 가슴 펴고 말하기가 중요한 이유

땅이 넓은 미국은 온갖 것이 다 큰데, 'The bigger, the better(크면 클수록 좋다)'라는 말이 있을 정도로 큰 것을 좋게 본다. 심지어 사람도 체격이 직업상 성공과 평생 보수를 좌우한다는 이야기가 있을 정도이다.

미국인 중에서 키가 6피트(약 183cm) 이상인 사람의 비율은 14.5%이지만, 경제 전문지 〈포춘(Fortune)〉이 발표한 500대 기업의 CEO 중에서 이 같은 조건을 충족하는 사람이 58%나 된다는 통계도 있다. 또 미국심리학회의 학술지 발표에 따르면, 키가 1인치(약 2.54cm) 커질 때마다 연봉은 789달러 늘어난다고 한다.

미국의 최고 경영진 중에 몸집이 큰 백인 남성이 압도적으로 많아서 얻어진 결과인데, '체격이 좋다=생존 능력, 전투 능력이 뛰어나다'라는 '무의식중의 편견(unconscious bias)'이 작용한 결과로 볼 수도 있다.

　이런 점을 고려한다면 경영자는 가슴을 활짝 펴고, 동작을 크게 해서 '퍼스널 스페이스(personal space)'*를 넓게 쓰는 것이 매우 중요하다 할 것이다. 트럼프 전 대통령이 '과장된 제스처'를 하고 '자신을 크게 보이려는 행동'을 보여 준 이유가 여기에 있다.

── 세계적 유명 인사 중에는 키 큰 인물이 많다

- 워런 버핏(버크셔 해서웨이 CEO) 178cm
- 팀 쿡(애플 CEO) 183cm
- 스티브 잡스(애플 창업자) 188cm
- 일론 머스크(테슬라·스페이스엑스 CEO, 솔라시티 회장) 188cm
- 버락 오바마 전 미국 대통령 185cm
- 빌 클린턴 전 미국 대통령 188cm
- 도널드 트럼프 전 미국 대통령 190cm
- 에이브러햄 링컨(Abraham Lincoln) 전 미국 대통령 193cm(추정)

＊ 사람의 신체를 둘러싼 개인의 공간 영역을 말하는 건축학, 심리학 용어.

✅ 흔히 취하는 '나쁜 자세'

조심스럽고 겸손한 몸가짐을 미덕으로 삼다 보니 우리는 자신도 모르는 사이에 '작아 보이고 자신 없어 보이는 자세'를 쉽게 취한다. 예를 들어 양손을 몸 앞으로 포개 모으는 자세이다. 경영자뿐 아니라 모든 이에게 익숙한 자세이지만, 사실은 '신체 중요 부위 가리기=자신감 부족과 불안감 숨기기'로 잘못 받아들여질 가능성이 있다. 이 자세는 아담과 이브가 무화과나뭇잎으로 중요 부위를 가렸다고 해서 '무화과나뭇잎 자세(fig-leaf pose)'라고도 불린다.

이 자세를 취하면 자연히 어깨가 앞으로 오그라들어 전체적으로 쪼그라들게 마련이다. 따라서 프레젠테이션 등을 할 때는 가슴과 등을 활짝 편 상태에서 두 팔을 벌어진 어깨 아래로 자연스럽게 떨어뜨리거나 양손만 배꼽 앞으로 가져와 깍지 끼는 자세를 '기본'으로 삼는 것이 좋다. 손이 배 쪽에 있으면 팔을 자연스럽게 움직일 수 있다는 장점도 있다.

그리고 당당하게 보이고 싶은 자리에서는 발을 어깨너비로 벌리고 탄탄하게 바닥을 버티고 서자. '겉모습을 단단하게' 만들어 '마음까지 단단하게' 만드는 것이다.

원칙 48

리더십은 '어미(語尾)'에서 드러난다!
'두 가지 표현'을 삼가라

— 진정한 리더는 말 낭비가 없다.

코로나19 시국에 일본에서는 일국의 총리가 원고를 줄줄 읽어 내리기만 하는 모습에 국민의 비판이 일었다. 관료가 써 준 그 원고는 장황한 문어체에 감성이라고는 찾아볼 수 없는 것이었다.

× 협력을 부탁드리고 싶은 마음입니다.
→ ○ 협력해 주십시오.
× 강화를 강구하기로 하였습니다.
→ ○ 강화하겠습니다.
× 조속히 힘을 쏟아 가겠다는 생각입니다.
→ ○ 조속히 힘을 쏟겠습니다.

× 협력해 주시기를 재삼 부탁드리는 바입니다.
→ ○ 다시 한번 협력을 부탁드립니다.

이런 식의 돌려 말하기는 삼가야 한다. 단위 문장이 길다 보니 읽기도 어렵지만, 알아듣기도 힘들다. '군더더기를 잘라 내야 설득력이 커질 텐데' 하는 생각이 들어 무척 안타까웠다.

> ¤ **에피소드**
>
> 주변을 둘러보면 경영자 중에도 이런 '옥상옥식' 화법을 구사하는 사람이 많은데, 습관을 고치려면 엄청난 고생을 해야 한다. 어느 대기업 대표는 이런 말을 했다.
> "경영자라고 다 같은 경영자가 아니죠. 제 손으로 회사를 일군 창업 경영자는 과감하게 딱 잘라 말할 수 있어요. 그런데 우리 같은 월급 사장은 그러기가 어려워요."
> 빙빙 돌려 말하기가 정중함을 중시하는 사고에서 나왔을지는 몰라도 깔끔하게 걷어 내고 나면 '아무 쓸모 없는 말'이었음을 알게 될 것이다.

☑ '두 가지 표현'부터 없애라

리더십을 단숨에 키우고 싶다면

'…인 것 같다.'
'…라고 생각하고 있다.'

이 두 가지 표현부터 반복하지 않아야 한다.

필자는 신문기자 시절에 '글을 쓸 때는 단조롭지 않도록 같은 어미를 여러 번 반복하지 말라'고 배웠다. 진정한 리더는 말을 낭비하지 않는다. 리더십은 어미(語尾)에서 분명히 드러나는 법이다.

> **원칙 49**
>
> ## '잠깐의 침묵'으로 카리스마를 돋보이게 하라
>
> — '그…', '어…' 대신 한 템포 쉬어 가기

말 낭비라고 하면, 웹 회의에서 보게 되는 '그것'을 떠올리는 사람이 적지 않을 것이다. 비대면 상황에서는 특히 목소리에 의식이 집중되기 때문에 여간 귀에 거슬리지 않는데, 영어로는 '필러워즈 (filler words)'*라고 부르는 '그…', '어…', '그러니까' 같은 말들이다.

☑ 세어 보면 없앨 수 있다

어미와 마찬가지로 본인은 쉽게 자각하지 못하는 습관인데, 의

---

* 내용상 필요한 건 아니지만, 윤활유 역할을 하는 요소.

식적으로 세어 보면 없앨 수 있다. 필자는 뉴욕에서 토스트마스터즈(Toastmasters)라는 퍼블릭 스피킹 모임에 참여한 적이 있다. 거기에서는 자신이 발언을 하는 동안 필러워즈를 몇 번이나 썼는지 다른 회원이 세어 주게 했다. 얼마나 썼는지 알아야 줄일 수 있기 때문이다. 여러분도 자신이 발언하는 모습을 스마트폰으로 찍어서 확인해 보기 바란다. 생각지도 못한 언어 습관을 발견하게 될 것이다.

☑ '잠깐의 침묵'은 리더의 카리스마를 돋보이게 한다

말과 말 사이를 의미 없는 말로 채우려 들어서는 안 된다. 차라리 비우는 것이 여러모로 효과적이다. 영어에서는 'pause(멈춤, 휴지)'라고 하는데, '지금부터 중요한 말을 할 거다!' 하는 순간에 한 템포 쉬는 것을 'pregnant pause(의미심장한 중단)'라고 부른다. '지금부터 중요한 이야기를 내놓겠다'는 사인을 주는 것이다. 강조하려는 말 앞 또는 청중의 시선을 끌고 싶을 때 카리스마 넘치는 리더는 이 '잠깐의 침묵'을 아주 잘 활용한다.

"제가 오늘 여러분께 꼭 말씀드리고 싶은 것은… '이 책을 읽어 주셔서 고맙다'는 말입니다!"

원칙 50

'보이지 않는 에너지'로
사람을 움직여라

— 가능하면 서서, 움직이면서 말하자.

    필자가 지금까지 만난 일본 리더 중에서 가장 인상 깊었던 인물로는 손정의 소프트뱅크 회장, 나가모리 시게노부 일본전산 회장, 그리고 온라인 패션 쇼핑몰 ZOZO의 창업자 마에자와 유사쿠 씨이다.

    이 세 사람의 공통점은 소통을 중시하고, 말이 아니라 일종의 '기운'을 발산한다는 점이다. 활기, 의기, 재기, 사기, 패기, 열기, 용기, 기개, 기운, 기백, 기품, 기력, 기색…. 이 모두를 '에너지'나 '열정', '기세' 같은 말로 바꿀 수 있다.

☑ 훌륭한 리더는 '감정'과 '열기'를 자유자재로 다룬다

물체를 움직이는 데 필요한 것은 '에너지'이다. 사람도 마찬가지이다. 훌륭한 리더일수록 '감정'과 '열기'를 잘 다루며 그 '에너지'로 사람을 움직인다. 경영자 중에 이 '에너지 수준'이 낮은 사람이 많다. 직원 마음을 1mm도 움직일 수 없는 차갑고 생기 없는 화법. 바로 그런 '저체온증'이 기업뿐 아니라 학교 등에도 널리 퍼져 있다. 일방적으로 억양 없이 시종 차분하게만 말하는 선생님을 보고 학생들은 '이런 게 화법의 정석이로구나!'라는 잘못된 생각을 가지게 된다. 악순환은 그렇게 시작된다.

☑ 에너지를 키우는 세 가지 방법

에너지가 커지면 표정이 풍부해지고 제스처도 자연스럽게 흘러나온다. 제스처는 의도한 동작이 아니라 자기 안에서 우러나오는 에너지이기 때문이다. 하지만 연비가 낮은 사람에게 어느 날 갑자기 휘발유를 마구 태우라고 요구한들 쉬운 일이 아니다. 그래서 세 가지 비법을 소개한다.

① 말의 의미를 생각하라

프레젠테이션이나 연설을 할 때, '무미건조한 낭독'만큼은 절대 삼가야 한다. 그러니 원고에는 소소한 표현까지 다 적지 말고 요점만 간략히 간추려 써야 한다. 물론 발표 연습은 여러 번 반복해야 한다. 이때 명심해야 할 점은 '말의 의미를 생각하라'는 것이다.

> ☼ **에피소드**
>
> 어느 자동차 회사의 프레젠테이션 중에 '달리는 기쁨'에 관한 내용이 있었다. 그런데 기업 대표는 원고를 보면서 억양도 없고 감정도 없이 내리읽기만 했다. '기쁨'이라는 표현에 '기쁨'을 담았다면 듣는 이의 마음에 훨씬 와닿았을 텐데, 안타깝기 그지없는 장면이었다.
>
> 자신이 내놓는 말의 의미를 잘 표현하고 있는지 점검해야 한다. 프레젠테이션은 '단어를 전달하는' 일이 아니다. '의미를 전달하는' 일이다.

② 가능한 한 서서, 움직이면서 말하라

한자리에 앉아 움직임 없이 말하는 것보다 일어나서, 때로는 걸으면서 움직임을 주어야 에너지가 커진다. 어느 TV 프로그램에서 '가수에게 손을 움직이지 못하게 한 상태로 노래를 부르게 하는' 실험을 했다. 그랬더니 평소 목소리의 반밖에 내지 못했다.

똑바로 서서 손을 움직이면 몸의 긴장이 풀리고, 폐에 충분한 공기가 들어가 성량이 늘어나게 된다. '주먹'만 쥐어도 표현력이 커 보이듯이 움직임은 시각적으로나 청각적으로 강한 임팩트를 줄 수 있다.

③ '생각'을 생각하라

'무엇을 전할지' 생각하지 말고 '어떤 생각을 전할지' 생각해야 한다. '설레는 느낌을 주겠다', '자부심을 느끼게 하겠다', '엄숙한 분위기를 만들겠다'…. 목표하는 바를 놓치지 말아야 한다. 리더가 남을 움직이려면 자신부터 성실해야 한다. 남을 감동하게 하려면 자신부터 진심으로 감동해야 한다. 남이 눈물 흘리게 하려면 자신부터 울어야 한다. 나부터 믿어야 남을 설득할 수 있다. 윈스턴 처칠의 말에 '사람을 움직이는' 방법의 정수가 들어 있다.

특별 부록

- 슬라이드의 '3대 군살'을 빼는 '다섯 가지 비법'
- 신뢰의 기본을 쌓는 '다섯 가지 비법'

슬라이드의 '3대 군살'을 빼는
'다섯 가지 비법'

마지막으로 '화법'에서 조금 벗어난 이야기이지만, 경영자들도 많이 묻는 내용에 대해 특별 부록으로 정리해 본다. '프레젠테이션용 슬라이드 작성법'이다.

☑ 슬라이드의 3대 군살 '글, 그림, 사진'

슬라이드가 눈에 잘 들어오면 청중의 이해도 그만큼 높아진다. 필자는 이제껏 수천 명의 프레젠테이션 자료를 봐 왔다. 그런데 대부분 '글, 그림, 사진'이 빽빽이 들어찬 '과밀 슬라이드'였다. 인심 좋게 퍼 담아 주는 시장 상인이 연상될 정도였다.

발표 기법을 아무리 훈련해도 자료가 이래서는 효과가 반감된다. 그런데 안타깝게도 대기업일수록 이런 경향이 강해서 '슬라이드에만 넣어 두면 청중이 알아서 정보를 가져갈 것'이라는 이상한

믿음이 있는 것 같다. 필요한 정보의 열 배는 쑤셔 넣은 것처럼 보일 때도 많았다. 단언컨대, 이런 군살을 제거해야 소통 역량이 커진다.

☑ 다섯 가지 방법으로 군살을 제거하라

최근 글로벌 무대의 프레젠테이션을 보면 '사진 한 장에 문장 하나'가 대세이다. 최대한 글을 줄이고 시각을 우선시하는 것이다. '요점 정리'조차 피하는 추세이다. 그러면 어떻게 해야 할까?

다음 다섯 가지 방법으로 슬라이드에 넘쳐 나는 군살을 제거하면 된다.

① '말로 설명하지 않는 내용', '흐린 이미지', '작아서 못 읽는 글과 그림'은 뺀다

슬라이드를 '읽게 하자'는 생각은 금물이다. 상세한 정보는 배포하는 자료에 기재하고, 스크린에 띄우는 자료에는 정보를 최소화한다.

② '같은 표현'은 최대한 피한다

어느 전기 관련 대기업의 자료에는 '글로벌'이라는 단어가 슬라이드 한 장에 무려 여섯 번이나 등장했다. 중복은 피해야 한다.

③ '추상적 표현, 정신력이면 다 된다는 식'은 철저히 배격한다

그 전기 기업의 자료에는 '해내는 조직', '사업개발력 강화', '속도감 있게 실행력 강화', '구조개혁 추진', '혁신적 행동', '고객가치 창조' 등 감정이 눈곱만큼도 들어 있지 않은 모호한 말만 넘쳤다.

'구조개혁'이 주제라면

> 3대 구조개혁 방안은
> 첫째, 인원 ○○% 감축으로 경비 ○○억 엔 삭감
> 둘째, ○○ 사업에 주력해 매출 ○○% 증가
> 셋째, 공장 재편으로 생산성 ○○% 증가
> 입니다.

이런 식으로 구체적인 사례와 수치, 고유명사를 넣는 것이 좋다. 일상적인 대화에서도 '돌파력과 속도감으로 다이어트에 성공하겠다'는 말보다 '하루 5km 달리기, 탄수화물 절제로 3kg을 줄이겠다'는 말이 훨씬 설득력 있지 않은가?

④ 제목은 '한 줄, 10~15자'로 하되 '질문' 또는 '답'을 선택한다

제목은 대략 한 줄, 10~15자로 정하면 좋다. 두 가지 형식이 있는데, 첫째는 해당 슬라이드의 내용을 개략적으로 설명하는 방식이다. 제목에 '…은'을 붙이면 해당 슬라이드의 내용은 그에 대한 '대답'이 될 것이다. 예를 들어 '개혁의 방향성(은?)', '계획의 과제(는?)' 같은 식이다.

둘째는 해당 슬라이드가 전하고자 하는 메시지, 즉 '답'을 쓰는 방식이다. '3대 개혁으로 글로벌 NO. 1 지향', '간접부문 축소로 인건비 30억 엔 삭감' 이런 식이다.

어느 쪽이 됐건 '슬라이드 한 장에 메시지 하나'를 지켜라! 페이지마다 청중에게 전하려는 '단 하나의 답'이 선명히 드러나게 해야 한다.

⑤ 20분 원칙을 기억한다

테드 강연은 길이가 최대 18분이다. 뇌과학 관점에서 청중에게 너무 길지 않고, 발표자에게 너무 짧지도 않은 딱 좋은 길이라고 한다. 프레젠테이션의 길이는 길어야 15~20분이라고 정해 두자. 글과 그림을 확 줄이고 여백을 늘리는 '콘텐츠 간 거리 두기'로 프레젠테이션의 군살을 확실히 제거하기 바란다.

신뢰의 기본을 쌓는
'다섯 가지 비법'

마지막으로 '이것만 실천하면 인생이 틀림없이 나아지는' 마법의 법칙을 소개하고 글을 마칠까 한다. 소통의 기본이 되는 '다섯 가지 법칙'이다.

☑ 인사 – '안녕하세요?' – 벽부터 허물어라

'안녕하세요?' 지극히 당연한 행위인 인사를 할 줄 모르는 사람이 정말 많다.

☑ 인사의 효용

단순한 의례이다, 귀찮다, 쑥스럽다, 방해가 될 수도 있다…. 인사를 하지 않는 사람은 별의별 이유를 다 대지만, 인사에는 타인과의 관계를 돈독하게 만드는 수많은 효용이 있다.

가게에서 점원과 나누는 몇 마디, 동료들과 주고받는 무의미해 보이는 잡담 등 사소한 대화가 사람의 행복감을 키운다고 한다. '은밀하고 구속력 강한 관계'가 아니라 '느슨한 유대' 정도의 가늘고 구속력 없는 관계가 삶을 지탱하는 힘이 되는 것이다.

'안녕하세요?', '밥은 먹었어요?', '수고했어요', '잘 가요'….

특별한 말이 아니지만, '관심과 신경을 자신이 아니라 상대에게 쏟는' 기본자세를 확인해 보았으면 한다. 입으로만 적당히 흘려서는 안 된다.

말로 하기 어려울 때는 고개만 숙여도 괜찮다. 그럴 때는 시선을 확실히 교환한 다음에 고개를 숙이자. 이 같은 아주 작은 행동 하나가 사람과 사람 사이에 자리 잡은 단단한 얼음벽을 허무는 '아이스브레이커'가 되어 여러분의 첫인상을 극적으로 개선하고 인연, 유대감, 인맥을 키우게 될 것이다.

✅ 칭찬 – '멋진데요!' – 손뼉 쳐 주는 사람이 되자

앞에 소개한 원칙 9에서 '칭찬'의 중요성을 언급한 바 있는데, 자신이 칭찬에 인색한 사람은 아닌지 점검해 보기 바란다.

심리학에는 '주위의 기대를 받으면 그렇지 않은 때보다 나은 성과를 낸다'는 '피그말리온 효과(Pygmalion effect)'라는 것이 있다. 칭찬을 잘하면 상대의 의욕을 효과적으로 자극할 수 있다. 손뼉을 잘 쳐 주는 사람이 되어 보자.

☑ 경청 – '아, 그렇군요.' – 귀를 기울여라

자기 하고 싶은 말만 하거나 화만 내는 것이 아니라 서로의 말에 잠자코 귀 기울일 수 있는 관계가 형성되면 우리 사회가 더 살기 좋아지지 않을까?

'아, 그렇군요.'

인간관계를 개선할 수 있는 실마리가 이 작은 한마디에 숨어 있는지도 모른다.

☑ 미소 – '빙그레' – 우리 모두를 행복하게 만들 수 있다

웃는 얼굴에는 초콜릿 바 2,000개 분량의 '행복감 조성 효과'가 있다고 한다. 특별한 일이 아니어도 웃는 얼굴은 사람을 행복하게 만든다. 정말이다.

☑ 웃으면 나와 남이 함께 행복해지는 이유

아기의 천진난만한 웃음, 점원의 밝은 미소, 소중한 이의 행복한 표정을 보고 마음이 따뜻해지고 기분이 좋아진 경험은 누구나 다 해 봤을 것이다.

웃음은 전염된다.

다른 개체의 행동을 보고 자기 자신도 똑같은 행동을 하는 것처럼 반응하는 신경세포 '거울 뉴런(Mirror neuron)'이 작용해 웃음이 웃음을 부르기 때문이다. 우리가 누군가에게 웃음을 지어 보이면 상대의 뇌에도 '나도 똑같이 돌려주자'는 반응이 생겨 양측의 기분이 함께 고조되는 '공생관계'가 형성된다.

내가 웃으면 다른 누군가를 따라 웃게 함으로써 그를 행복하게 해 줄 뿐 아니라 자기 자신도 행복해진다. '기분이 좋아서 웃는' 것이 아니라 '웃는 행위가 기분을 고조시킨다'는 사실은 여러 실험에서 증명되었다. 즉 즐겁고 기뻐서 웃는 것도 좋지만, 웃으면 즐거워지고 기뻐지니 많이 웃으라는 뜻이다.

✅ 눈가에 드러나는 진짜 웃음은 마스크를 써도 보인다

진짜 웃음은 어떤 것인가?

한마디로 말해 마스크를 쓰고 있어도 드러나는 웃음이다. 19세기 프랑스의 신경학자 기욤 뒤셴(Guillaume Duchenne)의 연구에 따르면 웃음에는 두 종류가 있다고 한다. 하나는 주로 입 주변 근육만 쓰는 웃음이고, 또 하나는 광대뼈에서 눈언저리로 퍼진 근육까지 함께 쓰는 웃음이다. 기욤 뒤셴은 후자야말로 '진짜 웃음'이라고 결론 내렸다. 눈가에 드러나는 웃음이 진짜 웃음이라는 말이다.

그러니 기분이 가라앉았을 때도 광대뼈를 올려 '웃는 얼굴'을 만들면 잠시나마 행복을 느낄 수 있을 것이다. 연필 한 자루를 윗니와 아랫니 사이에 물어 보라.

어떤가? 왠지 기분이 좋아지는 느낌이 들지 않는가?

'단순한 미소 하나가 얼마나 많은 행운을 일으키는지 우리는 모른다.' – 테레사(Teresa) 수녀

미소가 지닌 엄청난 가능성의 힘을 믿어 보기 바란다.

☑ 감사 – '고맙다'고 말하라 – '감사'를 '체질화'하자

'감사'도 앞의 원칙 9에서 언급했다.

감사하는 마음은 '행복감', '낙관적인 사고', '관계성 향상', '건강', '목표 달성', '목표 성취', '신체 통증 감소', '관용과 공감', '질 좋은 수면', '자기 긍정감 향상' 등 온갖 긍정적인 효과를 불러온다는 사실이 과학적으로 실증되었다. 감사하는 마음은 글로 적고, 입으로 말함으로써 '체질화'할 수 있는데, 그렇게 하면 자연히 주위에 사람이 몰리게 된다. 자존심과 수치심, 체면은 '이기적인 관점'을 가

질 때 자리 잡는 법이다. '남'을 위하는 '이타적인 관점'을 가지면 어렵지 않게 이 다섯 가지 행동을 할 수 있고, '신뢰'라는 이 시대의 통화를 무한정 손에 넣을 수 있을 것이다.

맺음말

'연결하는 힘'이야말로 미래를 헤쳐 나가는 힘
— 누구나 많든 적든 인간관계에 대한 고민을 안고 산다.

'사람[人] 사이[間]'라는 의미를 지닌 단어 '인간'은 처음부터 사회적 동물이었다. 그렇기에 사람이 온기를 찾고 관계성을 구축, 유지하려는 것은 본래의 '생존 욕구' 때문에 나타나는 현상이다.

사람은 마음속 깊은 곳에 '연결하고자 하는 욕구'가 있어서 그것을 억지로 억누르거나 타의에 의해 고립되면 의존증, 범죄, 정신적 불안, 행복감 결여가 나타나게 된다. 그렇다고 남에게 맞추라고 강요하거나 속박하는 '구속성 강한 관계'로 얽이기에는 답답한 노릇이다. 그래서 타인과 느슨하게 연대할 때 사람은 자립과 진정한 자유를 얻을 수 있다고 하나 보다.

세상은 '혼자라도 괜찮아', '혼자 견뎌 봐'라며 고독에 대한 내성을 키우라고 한다. 하지만 사람은 '홀로 살아가는 존재'가 아니라 '함께 몸을 기대어 살아가는 존재'이다. 게다가 타인과의 '마찰'이 무섭기는 해도 그 마찰이 원동력이 되어 창조되는 것도 무수히 많다. 필자는 우리가 언제, 어디에 있든 '연결하는 힘'을 갖추고 있으면 다가올 어려운 시대를 헤쳐 나갈 수 있다고 확신한다.

바로 그 '연결하는 힘'을 키우려는 것이 이 책의 궁극적인 목적이다. 이 책은 화법에 관한 노하우를 상황별로 추려서 날마다 청소하고 운동하듯이 단시간에 시험해 볼 수 있도록 쉽고 간단한 원칙 50개를 모아 엮은 것이다. 크게 고민하지 않아도 몇 가지 키워드만 떠올리면 '무슨 이야기를 해야 할지' 알 수 있도록 정리했다.

오늘부터 평소 대화에서 하나씩 활용해 보기 바란다.

'자기'라는 이름의 껍데기를 깨뜨릴 수 있는가

― 소통을 잘하려면 '자기'라는 이름의 껍데기를 깨뜨려야 한다.

'내 말을 듣게 하겠다.'
'멋지게 보이고 싶다.'
'눈에 띄고 싶다.'

이런 자기중심적인 생각을 하는 한 남과 기분 좋게 '연결될' 수는 없다. 강속구를 던지고 흡족해하는 것이 아니라 '상대가 받기 쉬운 공'을 던져서 오랫동안 캐치볼을 즐기는 것이 소통의 이상적인 모습이기 때문이다. 그러려면 상대의 감정을 이해하고 그 감정을 공유하는 '공감(Empathy)' 능력이 필수이다.

본문에서 세계적인 리더가 보여 주는 소통의 형태가 '교관형'에서 '공감형'으로 변하고 있다고 언급했다. '공감은 리더십과 관련한 가장 핫한 트렌드'라는 말도 있다. 미국 기업 다섯 중 한 군데에서 직원에게 공감 훈련 프로그램을 제공할 정도이다.

그런데 '공감'은 소통의 중요한 키워드인 한편, 위험성도 품고 있다. 자기 사람 또는 같은 생각을 하는 사람과의 공감이 선을 넘으면 적대감으로 변할 가능성이 있기 때문이다. 그래서 정당, 지역, 국가 등 내 편에 대한 공감은 그룹의 결속을 다지는 효과를 내다가도 '해당 그룹 밖에 있는 사람을 공격'하는 데 쓰이기도 한다.

폴 블룸(Paul Bloom) 예일대학교(Yale University) 심리학과 교수는 '공감은 편견을 낳고, 우리를 부족사회 수준으로 끌어내리며, 잔혹성을 드러내게 할 수 있다'고 지적한 바 있다. 그래서 극단적인 감정이입에 빠질 수 있고, 배타적이고 공격적으로 흐를 수 있는 '공감'의 한계도 이해해야 한다. 덫에 빠져서는 안 된다. 우리에게 필요한 것은 감정을 부감하고 이성적인 행동을 촉진하는 한 단계 높은 '공감', 다시 말해 보편적이고 전 인류적인 연민과 자비(Compassion)이다.

인생을 크게 변화시킬 '마법의 노하우'를 얻어라
— 타인에게 '마음'을 '쓴다'는 것

'누군가를 위해서'
'무언가를 위해서'

같은 '이타적인 관점'에 섰을 때 사람은 자신을 가둔 '껍데기'를 벗어날 수 있다. 그렇게 하면 자신을 더 객관적으로 알 수 있고, 타인과 더 쉽게 연결될 수 있을 것이다.

하버드대학교 등에서 오랫동안 연구한 결과에 따르면, 사람의 행복감은 돈이나 직업적인 성공이 아니라 타인과의 관계에 따라 정해진다고 한다. '말하는 힘'은 관계를 이어 주는 '실'이다. 그 '실'을 잇고 짜서 천을 만드는 방법, 이 책에 실어 둔 '마법의 노하우'로 한 명이라도 더 자신의 인생을 풍성하게 하는 '연결', '유대', '인연'의 성과를 얻는다면 필자로서는 더 바랄 게 없다.

앞으로 필자와 여러분이, 그리고 여러분 각자가 더 많은 '실'을 이어 가기를 바라며 글을 마친다.

오카모토 준코